U0336592

小朋友，轻松聊：日常情境下的亲子沟通技巧

[日]明衣　著
胡博阳　译

机械工业出版社
CHINA MACHINE PRESS

"实在是不知道怎么好好和孩子沟通……"

"道理我都懂，但一生气就控制不住……"

"白天每次训了孩子以后，晚上看到孩子熟睡后的小脸都会忍不住自责……"

如果作为父母的你们也有这些烦恼，那么，本书的沟通技巧就是专为你们定制的。

书中针对同一件事，介绍了"正确的沟通方式"和"错误的沟通方式"两种示例，几乎覆盖了从早上起床到晚上睡觉的24小时中所有可能涉及的育儿场景。

在本书的最后，作者还精心设计了一份整理心情的练习册。父母可以通过"KPT（Keep Program Try）训练表""父母的计划表"写下自己的所思所想，把书中介绍的技巧应用于每天的生活中。

图书在版编目（CIP）数据

小朋友，轻松聊：日常情境下的亲子沟通技巧 /（日）明衣著；胡博阳译．—北京：机械工业出版社，2024.4

ISBN 978-7-111-75471-8

Ⅰ．①小…　Ⅱ．①明…　②胡…　Ⅲ．①家庭教育　Ⅳ．①G78

中国国家版本馆CIP数据核字（2024）第063217号

机械工业出版社（北京市百万庄大街22号　邮政编码100037）
策划编辑：张潇杰　　责任编辑：张潇杰
责任校对：韩佳欣　梁　静　　责任印制：张　博
北京利丰雅高长城印刷有限公司印刷
2024年8月第1版第1次印刷
165mm×210mm・15.75印张・1插页・153千字
标准书号：ISBN 978-7-111-75471-8
定价：59.80元

电话服务
客服电话：010-88361066
　　　　　010-88379833
　　　　　010-68326294

网络服务
机　工　官　网：www.cmpbook.com
机　工　官　博：weibo.com/cmp1952
金　书　网：www.golden-book.com
机工教育服务网：www.cmpedu.com

封底无防伪标均为盗版

前 言

大家好！

感谢大家在忙碌的日子里抽出时间翻阅本书。

我是明衣，一名一直以建设“尊重孩子的社会”为目标而不断努力的蒙氏教师。我曾经是一名保育师，现在是两个孩子的妈妈。

可能有很多人在育儿过程中面临以下困扰：和孩子说话时，孩子总是不能正确理解你的意思，最终丧失耐心的你只能对孩子大喊大叫。明明是想和孩子好好沟通的，却总是事与愿违。

这确实很让人头疼。不过，没关系。因为以上所有问题，你都能在本书中找到解决的办法。

事实上，想要改变和孩子沟通的方式，不能仅仅停留在改变“话语”本身，而是要先用一种想了解孩子的心态去看待孩子，理解孩子的身心发育过程。如此一来，你自然就会知道，面对眼前的这个孩子，应该选择怎样的表达方式去和他沟通了。此外，为了能与孩子更加亲近，作为大人，自我内心能量的充实与满足也很重要。

有些父母可能会觉得，道理自己都懂，

心有余力的时候也许还能勉强应对，但现实中一遇到问题时，往往很难冷静地和孩子沟通……亲近孩子，满足孩子的内心需求，这的确需要耗费巨大的能量。因此，在将能量传递给孩子之前，大人的内心首先需要得到满足。当大人充满能量时，这种能量自然会流向孩子。

根据这样一个思路，本书从正文第 1 页开始，主要讲述与育儿思维方式相关的内容；从第 26 页开始，围绕一天之中早中晚的各种情境进行举例并讲解；从第 202 页开始，探讨成年人应该如何面对自己；从第 216 页开始，我为大家准备了一套练习沟通技巧的课程，所以请一定要在读完本书之后再进行实践。

通过阅读本书和实践练习，你在和孩子沟通时就有了一个可以参照的“轴”。沿着这条轴，父母可以一点点探索适合自己和孩子的沟通方式，这才是我希望能和大家一起到达的终点。

要想达成这一目标，首先需要做出改变的肯定是作为大人的父母。改变沟通方式的目的并不在于“让孩子成为一个好孩子”或者“让孩子听大人的话”等按照大人的意愿改变孩子。一旦你有了想改变孩子的想法，你一看到他，就会想到他身上的缺点和亟待解决的问题，这会使你变得焦躁和不耐烦。然而，通过改变你自己的心态，改变你对待孩子的方式，改变你看他的眼神，改变你对他说话的内容和态度，改变你对他的感觉，孩子（在你眼中）也会发生变化。当成年人发生变化时，孩子也会受到影响，其行为和表现就会大有不同。

此外，父母还希望通过日常沟通来培养孩子的“生命力”。这是孩子在未来漫长的人生中，用自己的力量和足迹丈量生活的基础。然而，培养这种能力靠的不是大人，而是孩子自己。大人能做的只是通过改变每天对孩子说话的内容以及措辞方式，为孩子的发展提供更有力的支持和帮助。

我希望本书在使你的内心充满能量的同时，也能成为你改变亲子沟通方式的契机，进而让你眼前的这个孩子获得幸福，这就是我写这本书的初衷。

那么，首先从蒙氏教育讲起吧。

面向自己、改变与孩子的沟通方式的旅程就此开始！

孩子如同充满生命力的植物球根

蒙氏教育三角形

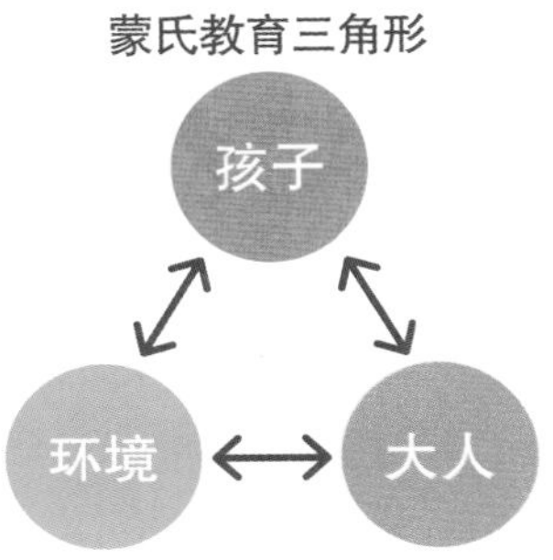

蒙氏教育十分重视“环境”这一要素的影响。“**每个孩子都有自我发展的能力，外界为他们提供适当的环境，孩子在这种环境中充分发挥自身优势，从而实现自我发展。**”因此，大人和孩子之间的关系，并非孩子单方面接受大人的教育，而是一种由环境影响形成的三角关系。对于大人来说，身处的环境不同，其感觉和价值观也会大有不同。孩子也一样，特别是处于婴幼儿阶段的孩子，从零开始建立自己的价值观和规范性，并在此基础上形成自身的个性与人格。这就是为什么孩子所接触的环境和接收的事物对其“自我”构建是如此重要。

孩子如同**植物的球根**，大人是浇水的园丁，环境是土壤、阳光和湿度。只是一味浇水，或者只有阳光的照射，都是不够的。要像呵护球根一样维持孩子的生命力，引导孩子成长，才是大人的职责所在。

被称为“敏感期”的0～6岁

分类	具体任务
语言	能将语言作为自身的一部分来习得
秩序	能在自身内部形成一种“秩序”
动作	能够随心所欲地控制自己的身体
感官	能利用感官区分事物＝加工
社交行为	能融入周围的环境和文化＝适应
细微事物	能注意到，甚至是观察细小的事物

蒙氏教育的历史

蒙氏教育是由意大利第一位女医生玛利亚·蒙台梭利在约110年前提出的一种教育方法。她从发育迟缓的儿童身上意识到“教育”的重要性。基于以上经验，她得出“儿童有自我发展的能力”的结论。于是，她开始在以儿童为中心的、有助于儿童发展的环境，以及成年人与儿童互动的方式之中摸索，最终创立了流传至今的蒙氏教育理论。

家庭教育

易怒的男孩

刻意练习带孩子走出情绪困境

用方法、练习，撕掉男孩易怒的标签。帮他表达情绪，而非情绪化表达。

不分心不拖延：

高效能孩子的八项思维技能（实践版）

八大“执行技能”，提升孩子解决问题的底层能力。25个实践练习，帮孩子彻底告别分心拖延。附赠实践手册。

5步儿童时间管理法

让孩子彻底告别磨蹭拖拉

5个步骤×11种超实用时间管理工具，解决孩子8大时间管理问题，让孩子做时间的主人。

好妈妈不吼不叫辅导孩子写作业

让孩子主动写作业、成绩倍增的100+小方法。内附音频课程，做有方法、不焦虑的父母！

30天高分学习法

轻松提升成绩的秘籍

幽默有趣的故事情节，简单有效的学习方法，让孩子30天实现学习逆袭，成绩倍增。

可复制的极简学习法

四步轻松学出好成绩

畅销书作者、日本超人气学习方法专家清水章弘新作！让孩子从“讨厌学习”变为“享受学习”！

好玩的金融（全两册）

钱是怎么流动的

会存钱也会花钱

在漫画和图解中学习金融知识，树立健康的金钱观，从小学会和钱做朋友。

小学生趣味心理学

培养执行技能的40个练习

发展共情能力的46个练习

学会应对焦虑的40个练习

心理学家为你提供126个互动练习，培养孩子小学阶段3大关键心理技能。

家庭教育

给孩子的8堂
思维导图课

全网畅销20万册。思维导图创始人东尼·博赞推荐的行业领袖，王芳、庄海燕鼎力推荐的思维导图教练，帮助孩子快速提升学习力。

这样说，孩子学习更高效

资深实战派教育专家李波老师，分享老师不说、家长不懂的亲子沟通方法，让孩子爱上学习就要这样说。

孩子如何交朋友
读懂儿童的友谊

理解儿童世界中的友谊规则，支持孩子在“交朋友”中成长。

对孩子说“不”
父母有边界，孩子守规则

用养育中的“边界感”，培养自信、独立、有同理心的孩子。

真朋友，假朋友
给青春期女孩的友谊指南

畅销欧美的青春期女孩友谊指南，九大友谊真相，让女孩从小学会交朋友，远离社交孤立和校园霸陵！

亲子日课

6大成长维度，365个亲子陪伴工具，每天10分钟亲子时光，营造每日一次的“家庭仪式感”。

和孩子约法三章
支给零花钱的规则

小小零花钱，
藏着孩子未来的大财富。

和孩子约法三章
使用手机的规则

手机是亲子沟通的桥，
不是冲突的导火索。

解谜益智

古蜀之谜纹蜀碑

三星堆考古主题，包含大型木质机关的解谜游戏书，在家能玩的密室逃脱游戏。

变形金刚 决战塞伯坦三部曲 创作集

网飞动画首次推出创作设定集，全面揭幕“塞伯坦三部曲”。

仙镜传奇

《镜之书》解谜游戏书的前传故事。

镜之书:天启谜图

故宫主题的解谜游戏书，可以去故宫实地探访解谜。

古蜀之珑岭无字碑

古蜀解谜游戏书系列第二部，延续三星堆考古主题，创新木质机关玩法。

逃脱游戏1　　**逃脱游戏2**　　**逃脱游戏3**

引进自法国的著名桌面密室逃脱游戏，演绎精彩的冒险故事，带领读者走进奇幻的探险旅程。

生活方式

小生活轻松过

漫画断舍离——
画风温暖，治愈人心。

我的小生活，先从一天扔一件东西开始。

一个人的四季餐桌

既有硬核烹饪技巧，又有态度和温度，国内首部本土化的“一人食”料理书：伴你尝尽四季时令之食，手把手陪你制作96道精致一人食料理。

咖啡入门

冠军咖啡师的咖啡课

世界冠军咖啡师的趣味解说，轻松入门的咖啡课。

我的咖啡生活

器皿+道具+咖啡豆+享受咖啡的时间和空间，带给你不一样的生活态度。

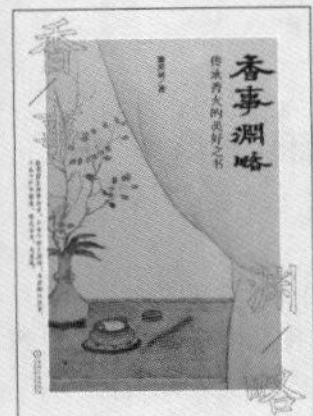

香事渊略

传承香火的美好之书

一本识香、品香、用香的美好之书。

点茶之书

一盏宋茶的技艺与美学（文创礼盒）

从宋代点茶技艺入手，将点茶美学和宋代美学在一套文创产品中全面展现。

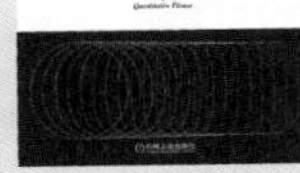

从解剖学、生理学、营养学角度量化解析增肌减脂的动作、计划、训练、饮食。训练内容配备极其详细的动作技巧讲解、易错点分析和纠正，助你充分理解动作，提高健身效率。

量化健身：原理解析　**量化健身**：动作精讲

家庭教育

亲子正念瑜伽

助力孩子成长、建立身心认知，使亲子共处变得更有趣、有意义。

动起来！

专业教练给孩子的体能课

全面的儿童体适能训练方案，详细讲解了提升体能素质的58个黄金动作。

你好青春期

心理学专家精选的50多个青春期心理咨询经典案例集，涉及孩子生活的方方面面，帮助读者更好地应对孩子的青春期。

陪孩子走过青春期

让家长和孩子度过开心快乐的青春期。

拥抱抑郁小孩

15个练习带青少年走出抑郁

15个亲子互动工具组成的一套抑郁应对方案，帮助孩子一步一步调整情绪、转变想法、改变行为。

从我不配到我值得

帮孩子建立稳定的价值感

畅销书《打开孩子世界的100个问题》作者新作！帮助孩子建立稳定的内在坐标，打开孩子的自爱之门。

我是妈妈更是自己

活出丰盛人生的10堂课

每一个妈妈都值得先照顾好自己！系统家庭治疗师写给妈妈的成长路线图。

立足未来

今天的孩子如何应对明天的世界

2023年中国创新教育年会年度十大推荐好书。帮助孩子们准备好应对快速变化且充满挑战的未来世界的必读书，提供了青少年立足未来的成长路线图。

家庭教育

户外探索教育系列工具卡

《森林实践活动指南》
《儿童户外探索活动指南》
《体验式教育经典游戏》

汇集一线创新教育机构精选的172项户外探索教育活动项目，国内首套能拉近孩子与自然关系的便携实用工具卡。

状元学习法

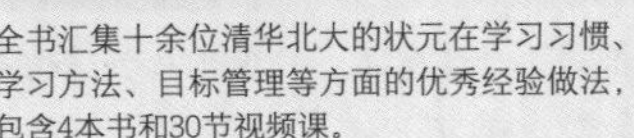

全书汇集十余位清华北大的状元在学习习惯、学习方法、目标管理等方面的优秀经验做法，包含4本书和30节视频课。

儿童情绪自控力工具箱

美国“妈妈选择奖”获奖图书，引导孩子通过101个易用、有趣的小工具和小方法科学地调节情绪。

超会学习的大脑

中学生备考学习法
（学习套盒）

英国教育学家×香港中文大学心理学博士联袂打造，一套游戏化、可互动的学习大脑升级方案，帮你快速成为学习高手。

打开孩子世界的100个问题

德国儿童与青少年心理学家写给父母和孩子的亲子沟通游戏书。100个脑洞大开的问题，开启一场亲子真心话、大冒险。

套盒

图书　互动卡片　成长记录本

有人听到你

超级育儿师兰海凝练的实用家庭教育指南！为家长和孩子各自配备专属读本，围绕15个经典问题，帮助中小学生家庭解决实际问题，改善亲子沟通。

套盒

成功/励志

像高手一样发言

公式+图解，解决公务员(体制内员工)当众讲话的七类难题。

像高手一样脱稿讲话

模拟场景+鲜活案例+口诀公式，系统、全面、专业的方法，助你轻松脱稿讲话。

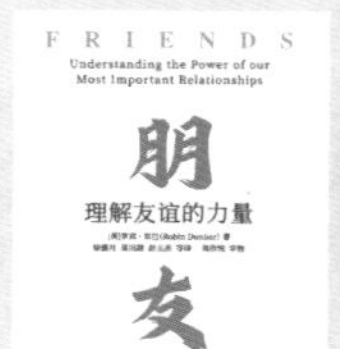

朋友
理解友谊的力量

“150定律”提出者罗宾·邓巴关于友谊的最新研究成果；你在友谊中可能遇到的任何问题都会在这里找到答案。

人生拐角
生涯咨询师手记

本书是一位资深生涯咨询师多年咨询经验的呈现，也是对人生拐角这块指示牌的破译。

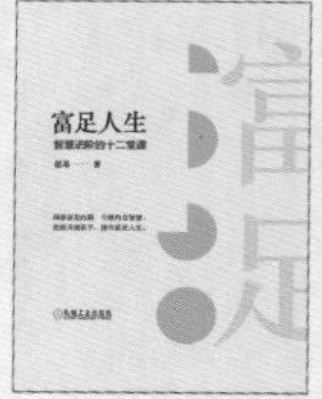

富足人生
智慧进阶的十二堂课

富足是一种持续追寻的状态；富足的状态是有迹可循的。12个工具，助你找到富足状态。

非凡心力
5大维度重塑自己

心力是一个人最底层的素质技能，是决定成功和幸福的最关键能力。

卓越关系
5步提升人际连接力

所有烦恼都是关系的烦恼。一切“为”你而来，而非“冲”你而来。变束缚为资源，化消耗为滋养。构建和谐关系，绽放完美自己。

如烟女士去做生涯咨询

本书以一位典型职场人士在青年时期的实际生活案例为主线,详细介绍了应对不同生涯问题的解决思路及十七个实操工具。

职业重塑
四步完成生涯转型

助你找到正确职业方向，用更短的时间走更合适的路。

成功/励志

零基础练就好声音

一开口就让人喜欢你。

不生气的技术　不生气的技术II

生气时的消火秘籍+不生气的底层逻辑。系列狂销100万册，转变人生的契机，就从主导自己的情绪开始！

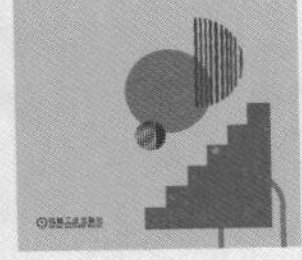

快速跨专业学习

4种知识迁移能力+5种解构知识方法+5种学习思维，助你快速成为具备跨专业学习能力的博学之人。

快速通过考试

本书分为考试前中后三大部分，涵盖学习方法、考试策略、考试技巧等，助你快速通过考试。

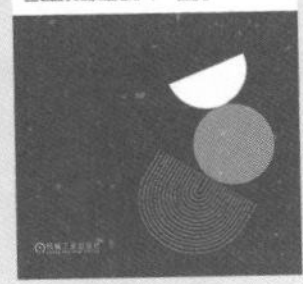

快速学习专业知识

本书从学习状态、收集和吸收信息、科学记忆法等六方面展开，告知读者如何快速学习专业知识并成为一个领域的专家。

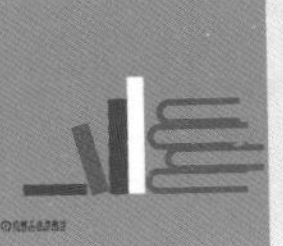

快速阅读

7种预读方式+5种速读方法+5种记忆技巧，助你提升注意力，养成快速阅读的习惯。

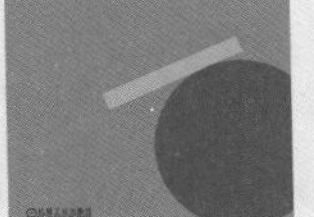

快速掌握新技能

能让你更快速、深入和有效学习的各种工具和技术，八大板块打造学习闭环。

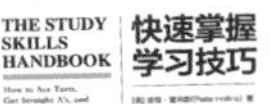

快速掌握学习技巧

4种课堂学习法+6种精通学习方式+7种时间管理法+8种记忆方法+5种应对考试策略，助你从容学习。

少儿成长

学汉字有方法

3000个常用汉字，15个识字主题，全拼音标注，趣味翻翻卡，通过童谣、成语、字谜、识字小游戏，帮助孩子轻松跨过识字关，早一步开启独立阅读！

瑞莉兔魔法有声英语单词

日常情境翻翻游戏，100面语音卡，智能双语插卡机，乖宝宝英语学习的好帮手。

瑞莉兔双语情境翻翻书（全四册）

42个主题场景，800个中英文词语，乖宝宝英语启蒙好朋友。

好玩的成语解字胶片书（全四册）

这既是一套从语文课本里精选出来的成语书，也是一套通过成语学习汉字的趣味胶片游戏书！

瑞莉兔奇妙发声书（全四册）

柔和美妙又有趣的声音，带给小宝宝们新奇的“视+听”阅读体验。

幼儿情景迷宫大冒险（共6册）

6大主题：自然、城堡、童话、人体、海洋、太空。挑战眼力和脑力！

我们的传统节日

春、夏、秋、冬

著名民俗学专家写给孩子的传统节日绘本，包含了春夏秋冬四季中的16个节日，配以童谣、字谜以及小手工游戏，让孩子轻松了解和传承传统文化。

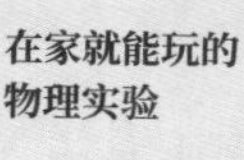

在家就能玩的物理实验

专为6~12岁的儿童设计，附赠材料包，带你一起玩一系列有趣的科学实验。

少儿成长

**小手按读
巧学汉字Aipad**

600个生字，600多个组词，用思维导图的方法学习汉字！

**汉语拼音
点读AIpad**

学龄前和小学阶段孩子适用，汉语拼音学习全套解决方案！

**小手按读
逻辑数学AIpad**

80张卡，1150道题，承接幼升小数学启蒙的发声学习机。

**瑞莉兔
专心静静贴
（全四册）**

一套宝宝可以一个人玩的静静贴。

童眼识天下

实景图片，带孩子领略世界的丰富和多元。

**小手玩大车
（全两册）**

以酷车、工程车为主题，内含翻翻、抽拉、大立体等工艺，锻炼孩子的精细动作，提升手眼脑协调能力。

瑞莉兔有声场景挂图

哪里不会按哪里。操作简单，测试练习，早教学习小帮手。

**军事天地 经典童谣 交通工具 三字经 建筑工地 英文儿歌
海洋馆 唐诗 动物园 认识数字**

**金色童书坊
（共13册
彩绘注音版）**

用甜美故事浸润孩子的心灵！

成功/励志

冲突沟通力

破解冲突的4个步骤+不同场景的17个沟通技巧+生动鲜活的家庭故事，助你轻松掌握化解冲突的能力！

转化羞愧，绽放关系

全方位探索羞愧、愤怒、内疚等不良情绪，提供了大量转化不良情绪的方法和练习。

366天平和生活冥想手册

荣获著名的富兰克林奖！每天10分钟冥想，浸润非暴力沟通智慧，引导你走向平和生活，远离混乱和冲突！

安居12周正念练习

一套融合了非暴力沟通与正念冥想的核心智慧，在家就能轻松实践、持续成长的12周练习指南。包括小组练习、一对一伙伴练习和个人练习。

反驳的37个技巧

令人尴尬的话题如何反驳？本书为你提供了37个反驳技巧，既让对方能接受，又让自己心里畅快。

他人心理学

破解行为密码，解读他人心理，从小动作瞬间了解他人心理，成为社交达人。

与谁都能轻松融洽地聊天！

闲聊的50个技巧

“今天天气真好啊！”“是呀！”，然后再聊什么呢？本书会给你答案。

我的家人抑郁了

本书不仅是一本指导如何帮助家人战胜抑郁的实用手册，同时也是一本关心自己心理健康、预防抑郁的贴心指南。

前文中我们提到，每个孩子都有“自我发展的能力”。这种使“自我发展”成为可能的能力体现为一种“自我教育能力”。但在蒙氏教育理论中，这种能力在0～6岁的婴幼儿阶段有两大特征。

一个是“敏感期”，另一个是“吸收力”。

所谓敏感期，就是个体在某个时期内，相较于其他时期更容易习得某种特定的能力。比如，在“秩序敏感期”中，孩子“被妈妈以外的人抱了就会哭”“在不熟悉的地方无法入睡”等，孩子始终追求着一种熟悉感和稳定性，并通过这种方式在自身内部形成了一种“自然秩序”。

而吸收力是指孩子能把环境中的各种信息、刺激和感受吸收到自己体内的能力。孩子会将吸收而来的一切作为构建“自我”的材料。

正是因为**有了这两种能力作为支撑，孩子才得以实现自我发展**。所以，**作为大人的我们应该相信孩子这种与生俱来的能力，并在孩子**实现**自我发展的路上助他一臂之力**。

孩子是主角，大人是向导

在通常的教育情境中，孩子往往是“被养育”的那个，主导权全在大人手上。例如，由大人来决定“今天我们来做××”，而孩子只需要听从安排，这种情况并不少见。但是，从蒙氏教育的角度来看，**孩子需要的是一个可以自己做选择，以及从自己感兴趣的活动中体验满足感的环境**。

只有身处可以“自由探索”的环境中，孩子才能充分地发展自我。但这种“自由”一定是有边界的。当孩子做了“越界”的事，大人就要告诉孩子：“‘这里’（边界内）是可以的，‘那里’（边界外）是不行的。”只有基于这种不逾矩的自由，孩子才能充分发挥自我能动性，实现自我发展。

孩子并非“被养育的个体”，而是“成长的个体”。并且，成长的主角是孩子自己，因为他们始终朝着“自立和自律”的方向在实现自我发展的道路上一步步前进。

你不必背负过多的“一定要好好管教孩子”的责任感，因为大人要扮演的角色是孩子成长路上的“向导”，职责在于帮助孩子成长。

孩子的成长过程——自出生起至24岁，经历的四个阶段

蒙氏教育视角下，
孩子的成长过程

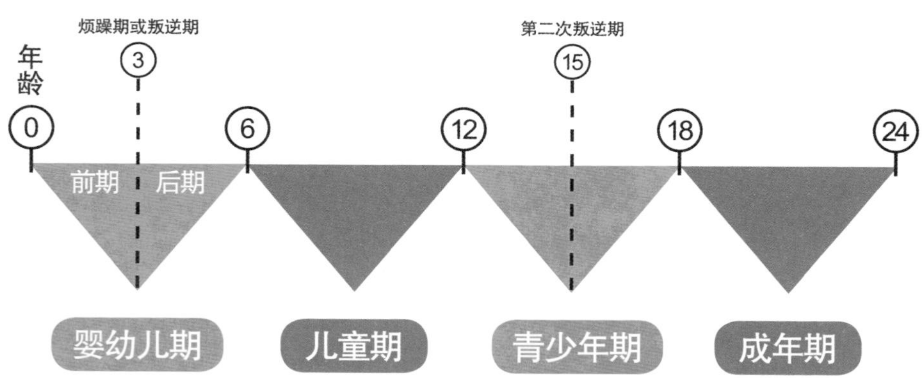

虽说孩子能朝着“自立和自律”的方向不断发展，但究竟**几岁才能走到“自立和自律”的终点呢？答案就是 24 岁**。根据蒙氏教育四大发展阶段理论，孩子从出生开始要经历四个阶段（每阶段历时六年），直到 24 岁才能走完整个发展过程。

标注红色和蓝色的阶段分别具有不同的特征。红色表示该阶段的个体拥有更加强烈的自立意愿，发展能量较强。**特别是 3 岁和 15 岁，孩子的发展能量几乎达到顶峰，因此这两个时期也被称为烦躁期或叛逆期，以及第二次叛逆期**。

0 ～ 6 岁的婴幼儿期被分为前期和后期，3 岁之前是无意识地被能量所驱动的时期，因此，这个时期孩子的行为很难用自我意识控制。此时如果大人强行制止孩子的一些行为，孩子就会大哭大闹。相对于无意识的被动驱动期，3 ～ 6 岁的孩子逐渐开始有意识地控制自己的行为，比如想学怎么写自己的名字，想学骑自行车等。

在标注蓝色的时期的两个六年里，孩子虽然也在成长和发展，但相对于红色时期，其状态较为平稳。有了这张图，你就**可以知道自己的孩子现在正处于哪一阶段**，建议时不时拿出来对照一下。

通过观察了解孩子的所思所想

接下来，我们来讲一讲蒙氏教育理念中非常重要的“观察”。为什么说它重要，因为孩子所寻求的事物和其发展所需的事物的答案都在自己身上。大人为了了解孩子的内心，会用各种各样的方式参与孩子的活动，但不论父母所用的方式有多好，在面对不同的情形和不同的孩子时，其效果可能会截然不同。毕竟，**一百个孩子就有一百种做事的方式。**

所以，不要受所谓发展准则和方法的束缚，而要以大人的视角去观察孩子“现在想要的是什么”“现在对什么感兴趣”“喜欢什么”“为什么会这样做”等。

从本书第 22 页开始，我将向大家介绍和孩子沟通的具体方法。但是，这些方法绝不是亘古不变的真理，而是一个可以参照的“轴”，同时要始终关注孩子的内心。**大人关注孩子的目光中饱含的是对孩子的理解和尊重，这有利于建立亲子间的信任感，还能帮助孩子培养自尊心。**

沟通方式影响孩子人格的形成

孩子与生俱来的力量，不是“生来就会说话的能力”，而是“生存所必需的语言习得能力”。对于语言习得来说，没有输入就没有输出。因此，如何通过日常交流，实现接触、聆听和吸收是非常重要的。

大人和孩子你一言我一语的交谈，不仅能提升孩子的语言表达能力，大人回答中的肯定性表达还会对孩子的情绪处理能力、自我认知、自控力和执行力等产生积极影响。

语言是每天都会使用和接触的事物，一次的失误并不会有任何问题。

但这种失误每天都重复50次、100次，甚至200次，就会积重难返，**对孩子人格的形成所产生的不良影响就会格外显著**。不过，用语习惯是可以随时改变的。它不需要大量的准备和高额的学费，只要你愿意，就可以将你的用语习惯变成你所需要的样子。久而久之，你的孩子也会受益。因此，希望你在读完本书后，能更注意自己每天的用语习惯。

目　录

晚上

专栏

这时应该怎么办?

本书的阅读建议

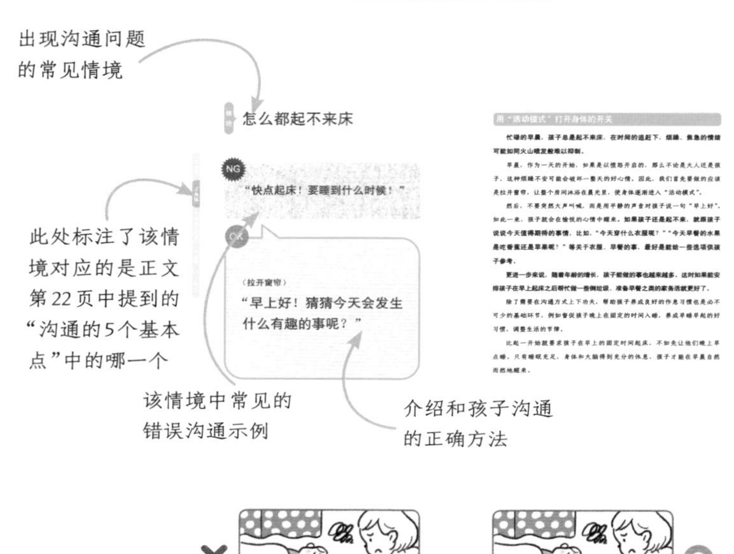

早晨

将本页的内容用插画的方式呈现

针对沟通中常见的困难和应对技巧而开设的专栏

首先要摆正观念!

和孩子沟通前需要思考的5个问题

“一不小心就说了重话”“没听到孩子说了什么”等，

是很多父母和孩子沟通的过程中容易出现的问题。

改变沟通方式固然很重要，但其他的问题也不应该被忽视。

在学习具体的沟通方式前，先来解决这 5 个问题吧。

问题 1

大人在上，孩子在下

你是否认为孩子由大人抚养长大，
所以必须无条件地服从大人？

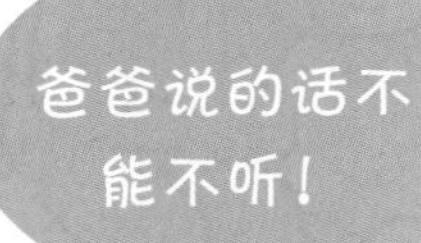
爸爸说的话不
能不听！

妈妈是成年
人，所以可
以这样做

孩子的地位与对待孩子的方式

信任孩子，尊重孩子

大人与孩子之间，不该是“大人在上，孩子在下”，或者是“孩子是由大人抚养长大的”的关系，因为**“孩子也是拥有独立人格的个体”**。所以，作为大人，首先要将孩子当作一个完整的人来看待。

在此基础上，还要意识到**“信任孩子、尊重孩子”**的重要性。孩子始终朝着“自立和自律”的方向在实现自我发展的道路上一步步前进。没有任何一个孩子会产生“今天先不要成长了”“不会说话也没关系的”等诸如此类想放弃或者停止长大的念头。孩子成长的步伐可能有快有慢，但都是按照自己的节奏不断前进的。帮助孩子成长的大人，更应该意识到“尊重孩子”的重要性。每个孩子从诞生之日起，就在这个未知的世界里日复一日地、拼尽全力地构建“自我”。在这一过程中，那些被尊重、被接纳的经历，会让孩子感到自己是值得被重视的、有价值的，而这些感受最终都会成为他们心灵的养料。

不仅如此，在成长过程中受到过尊重的孩子，也能自然而然地学会尊重他人，**从而更易于与他人建立起互相尊重的良好关系**。

当成年人能以“尊重”的方式去帮助孩子成长时，**无形中也培养了孩子的自尊心和自我肯定感**，这反过来又极大地促进了他们的成长。

问题 2

我家孩子就是这样

你是否总是轻易地给孩子“贴标签”

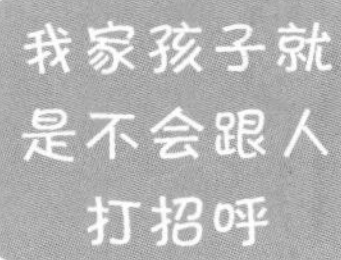
我家孩子就
是不会跟人
打招呼

这孩子没什么
运动细胞，
不爱锻炼

有色
眼镜

收回你对孩子的偏见吧

孩子每时每刻都在成长。对于大人来说，由于每天都在孩子身边，这种成长的变化可能难以察觉，**还会因为孩子屡次犯同一种错误而生气焦躁，“不是提醒过你好多次了吗？”**但是，每个孩子都在按照自己的节奏一点一滴地变化，在帮助孩子成长的过程中，大人要对这种节奏给予必要的关注。**正是因为孩子在不断地塑造着“自己”，而这一过程深受周围人的言语和互动的影响**，因此大人更应该放下偏见，每时每刻都要用新的眼光去看待孩子。

举一个例子，一旦你把一个孩子定性为“不安分”，即使他变得稍微文静了些，**你也可能因抱有偏见而不会注意到他的任何变化**，所以从一开始就不要着急给孩子贴上带有偏见的“标签”。

当你想给孩子贴上“不安分”的标签时，**不妨先暂时将其判断为“孩子只是有时候好动了一些”，这种模糊的判断有利于避免偏见的形成**。要始终记住“父母和孩子都是不断变化着的”，时刻提醒自己不要凭孩子一时的表现下结论。

成年人可能会觉得，自己所看到的就是孩子的全貌，但事实并非如此，孩子展现给父母的样子，并不是他的全部。大人应当认识到孩子还有很多面是自己未曾发觉的，**因此要始终以全新的眼光看待孩子、用温暖而积极的话语对待孩子**。

问题 3

把自己的事情往后放

你是否总是为了孩子而把自己的事情放到之后再做？

妈妈现在都没
时间吃饭了
爸爸过一会
儿再去洗澡

首先大人要调节好自己的身心状态

相信在读这本书的时候，很多读者都会觉得“**虽然这样做很好，但实在是心有余而力不足**”。的确，养育孩子就是一件十分耗费精力的大工程。

因此，在这一过程中，大人首先要让自己的身心需求得到充分的满足，如果一切都以孩子的需求为主，视牺牲自我为理所当然，就愈发容易忽视自我关怀，最终使自己身心俱疲。当然，有些时候的确需要优先满足孩子的需求，但只要是在帮助孩子更好地成长这一前提下，**即便没有事事以孩子优先，大人也不必为此感到内疚**。因为只有大人提高了自己的幸福感，才能把幸福感传递给孩子，从而满足孩子的身心需求。

在孩子年纪尚小的时候，大人一般都会睡眠不足，吃饭也只是随便应付一下。如果这种睡眠不足的状态长期持续下去，维持基本生命活动的重要能量就会一直被消耗，控制情绪的能量也因此变得不足，这样，**大人会因为无法控制自己的情绪而大声嚷嚷，结果陷入自我厌弃的境地**。于是，心有余而力不足的情况就出现了。因此，大人首先要学会把能量用在满足自己的身心需求上。当身体出现不适时，要把调整身体放在首位，如此一来不仅可以让自己心情愉快，也更能体会到养育孩子的乐趣。

问题 4

没有自己的时间

你能正确面对自己的身份吗？

几乎没有
独处的时间

只有上厕所的
那点儿时间才
是我自己的

即便做了父母，也需要私人时间

前面我们已经强调过，调节好大人的身心状态，满足自己，才是最重要的。但是，现实中也有很多人会面临**“没有时间”“即便勉强挤出了时间，也会被后面的各种杂事搞得手忙脚乱”**等问题。虽然孩子总是叫着**“我要妈妈”**，以求得到大人的陪伴，但父母还是应当下定决心挤出属于自己的时间。

成为父母以后，“爸爸”“妈妈”的身份无疑会占据自己大部分人生角色的分量，相应地，和“自己”这个身份相处的时间就少了很多。然而，只有“自己”这个身份需求得到满足，心灵才会拥有足够的用于放松的“留白”。因此，父母有必要留些时间来关怀自己。读者可以在阅读完本书正文部分后翻到练习册部分，将自己喜欢做的事写下来，请一定要在实践中去尝试，肯定会给自己带来不同的体验。

当大人做自己喜欢的事时，内心就会得到满足，由此流露出的轻松愉悦也会感染孩子，孩子会“有样学样”。当孩子长大以后，也会学着去“正视”自己的需求。大人取悦自己、关怀自己的样子，也会潜移默化地影响孩子，**让孩子掌握“珍视自己”“做自己喜欢的事”等必需技能**，这些技能虽不那么显而易见，却是“生命力”中不可或缺的一部分。因此，作为父母，首先要拥有属于自己的时间，然后充分满足自己的各种需求。

问题 5

容易急躁

你是否为了追求完美而变得苦不堪言？

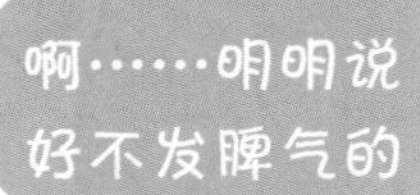
啊……明明说
好不发脾气的

今天又没控制
住自己的脾气

跳出来“俯瞰”自己的急躁

当你感到焦躁、愤怒，或觉得自己无力承担某些事的时候，最重要的一点就是“觉知”。这是一种“俯瞰”自己的能力。只要有了“觉知”的能力，你就会在“可能睡眠不足”的时候，有意识地“在这个周末给自己放个假”，从而改变现状。

为了更好地进行自我觉知，**你需要为自己量身定制一张晴雨表**。比如，对我而言，在“我明明已经在做了”这句话中，我会格外注意“明明”这个词。我会意识到，如果我开始为一些平时无感的事情所困扰，并且为了给自己辩解，不断地将愤懑的矛头指向对方，事情就会变得更糟糕。此时，我就会通过自己最喜欢的桑拿、读书等方式填补内心的空缺，来释放自己的压力。如果你现在还没有找到“重启自己”的方法，不用着急，因为随着时间的推移，你总会找到的。为了尽快找到适合自己的方法，请务必尝试一下本书的练习册，把时间投入到自己热爱的事物中去。

即便如此，生活中仍难免会有让你烦躁的时刻。遇到这种情况，**请不要盲目地把情绪直接发泄到孩子身上，而是在确保孩子安全的前提下，离开这个让你烦躁的场景，让自己静一静**。最好是让自己深呼吸6秒钟，充分吸入新鲜空气。做这一切的目的不是让你追求“决不急躁”的完美主义，而是让你学会觉知自己的急躁，抚慰自己，从容应对烦躁的情绪。做不到也没关系，**大人也需要反反复复地试错，不妨就在这个过程中和孩子一起成长吧**。

沟通的5个基本点

基本点1 化『否定』为肯定

『不要站在座位上！』『不要乱跑！』等，都是生活中十分常见的否定句式，以后请尽量换成『小屁股在座位上坐好哦』『慢慢走哦』等肯定句式吧。**否定句总是会给人以消极的印象，如果转换成肯定句，整个人的情绪都会变得积极起来！**

基本点2 化抽象为具体

处于0～6岁婴幼儿期的孩子，只拥有『具体思维』，因此，他们很难理解什么叫『好好做××』这种抽象化的表达。因此，**在与孩子沟通时，应当尽量用他们能理解的说话方式，比如『这里地滑，要拉紧爸爸妈妈的手，慢慢走哦』等具体的指导。**

基本点 3

化命令为请求和提议

不要用『快点换衣服！』这种命令语气跟孩子说话，而是用『请你换一下衣服啦』『现在开始换衣服吧！』**这样表示请求或提议的语气，让孩子觉得自己有选择的余地。**诸如此类的沟通方式能给予孩子充分的尊重，从而使孩子更愿意敞开心扉。

基本点 4

化『表扬』『吹捧』为认可

对孩子的行为和努力表示认可，**不仅会让孩子产生一种被关注的安心感，能培养孩子的自信心，还能帮助孩子树立『只要努力就会有收获』的观念。**当然，还能进一步培养孩子理解行为的本质的能力。

基本点 5

化『愤怒』『斥责』为传达

『不要把家里搞得这么乱！真是受够了！』——当你这样对孩子大发脾气时，很遗憾，这只会给孩子留下『被凶了』的深刻印象，而你想要传达的信息他完全没接收到。因此，**最重要的是要说一句『用完了东西要归还原位哦』，这样就能将你真正想要表达的信息『传达』给孩子了。**

即便叫醒了孩子，他还是磨磨蹭蹭起不来
快点起床！
要睡到什么时候！！

睡衣都不换就开始玩
不是叫你换衣服了吗！
换衣服去！

在反复强调后仍然会不小心把事情搞砸

不要为了应付孩子而许下承诺

用孩子能理解的方式与他们沟通

一不小心就容易向孩子发出单方面命令或指示的

早晨

在要去幼儿园或出去玩的时候，

早晨这个时间段往往更容易给人“转瞬即逝”的感觉。

而对于刚起床还没启动“发动机”的孩子而言，做事磨磨蹭蹭更是稀松平常。

这时，应该如何跟孩子沟通呢？

怎么都起不来床

“快点起床！要睡到什么时候！”

OK

（拉开窗帘）

“早上好！猜猜今天会发生什么有趣的事呢？”

用“活动模式”打开身体的开关

忙碌的早晨，孩子总是起不来床，在时间的追赶下，烦躁、焦急的情绪可能如同火山喷发般难以抑制。

早晨，作为一天的开始，如果是以愤怒开启的，那么不论是大人还是孩子，这种烦躁不安可能会破坏一整天的好心情。因此，我们首先要做的应该是拉开窗帘，让整个房间沐浴在晨光里，使身体逐渐进入“活动模式”。

然后，不要突然大声叫喊，而是用平静的声音对孩子说一句“早上好”。如此一来，孩子就会在愉悦的心情中醒来。**如果孩子还是起不来，就跟孩子说说今天值得期待的事情，比如，“今天穿什么衣服呢？”“今天早餐的水果是吃香蕉还是苹果呢？”等关于衣服、早餐的事，最好是能给一些选项供孩子参考。**

更进一步来说，随着年龄的增长，孩子能做的事也越来越多。这时如果能安排孩子在早上起床之后帮忙做一些倒垃圾、准备早餐之类的家务活就更好了。

除了需要在沟通方式上下功夫，帮助孩子养成良好的作息习惯也是必不可少的基础环节，例如督促孩子晚上在固定的时间入睡，养成早睡早起的好习惯，调整生活的节律。

比起一开始就要求孩子在早上的固定时间起床，不如先让他们晚上早点睡。只有睡眠充足，身体和大脑得到充分的休息，孩子才能在早晨自然而然地醒来。

快点起床！
要睡到什么时候！
我还是好困啊……

早上好！
今天又会是开心的一天呢！
早上好！
今天要去××玩耶！

总 结

不要大声叫孩子起床，注意保持语气的平静。

帮助孩子养成良好的作息习惯。

烦恼咨询室
1

什么时候开始让孩子自主入睡比较好？

（两个孩子， 年龄分别为 4 岁和 6 岁）

具体几岁开始让孩子自己入睡，这其实并没有明确的要求，只要让孩子朝着独立的方向，按照自己的节奏，学会独立入睡就可以。父母可以在睡前陪孩子读完绘本后关掉灯，为孩子做一些简单的按摩后就离开房间，帮孩子培养良好的入睡习惯。除了要培养入睡习惯，还有去幼儿园之前的习惯、回家以后吃饭的习惯等，都是要注意的。在养成习惯以后，不知不觉间孩子就可以自己做这些事了，这就是独立的开始。可能一直以来父母都是躺着陪孩子读绘本的，那么从现在开始坐起来给孩子读绘本，从细微之处着手，逐步改变孩子的习惯。慢慢地，孩子就能学会自己入睡了。当然，父母也要对孩子充满信心，经常对孩子说："××一定能学会自己睡觉的。"用类似的表达给孩子积极的心理暗示。

不喜欢换衣服

NG

“快点，赶紧把衣服换了！”

OK

“来吧，我们来把睡衣脱了吧！是从上衣开始脱，还是从裤子开始脱呢？”

将“命令”转换为请求和提议

当你想让孩子做什么时，总会想要催促孩子尽快做，也会忍不住用命令的语气和孩子说话。如果反复催促无果，你的语气还会变得更加急迫。

正如我们在问题1中提到过的，不论大人还是孩子，都是具有独立人格的个体，彼此都是平等的。因此，我们在与孩子沟通时，**应当尽量用请求和提议的语气，少用命令的语气**。这样一来，就能让孩子感到自己是被尊重的。进一步来说，如果你把孩子当成是和自己一样的大人，自然而然地就能用尊重的语气和孩子交流了。

除了以尊重为基础外，还应该仔细分解沟通的过程，**即把你想要孩子做的那件事具体化**。比如，把“快去换衣服”改成“把睡衣脱了吧”，然后再让孩子“穿上裤子吧”，将一系列的分解动作可视化。**像这样把自己想让孩子去做的事情尽可能具体地传达给孩子**，就能让孩子更容易意识到自己下一步该做什么，从而更快地付诸行动。

此外，还可以在沟通的过程中为孩子**提供一些选项**，比如，“是先穿裤子，还是先穿上衣呢？”“是自己来穿，还是爸爸妈妈帮你穿呢？”等等。有了选择的余地，孩子就会觉得“我可以自己选”，从而更积极主动地投入到行动中去。

有研究成果表明，像这种把“行动的决定权交给孩子”的沟通方式，有利于培养孩子的执行力和自控力。

不是跟你说了要换衣服吗！
赶紧去换！
……

7
来吧，我们把睡衣脱了吧！
是从上衣开始脱，还是从裤子开始脱呢？
我要从上衣开始！

总结

不要命令，要提议和请求。

要让孩子觉得『我可以自己选』。

烦恼咨询室
2

“我只要妈妈！”孩子抗拒爸爸，怎么办？

（孩子2岁零10个月大）

孩子在三岁左右以前会对母亲或某个特定的人产生特别的依恋。处于敏感期的孩子会非常在意自己是否被接纳，是否被尊重。当孩子因某事而烦恼或有什么需求时，就需要一个人和自己建立“只有这个人可以帮我”的信任关系。而这个人一般就是妈妈。

这种情况下，虽然很难让孩子改变观念，但还是应该尽可能地去倾听孩子的想法，同时夫妻之间应该多交流，一起面对问题。一起商量完具体的对策后，两个人就可以达成一致，“那就这么办！”朝着共同的方向努力。

在这个过程中，双方需要依据孩子的反馈不断地学习和改进，比如，“爸爸的这种说话方式很讨厌”，根据孩子的不同反馈不断改善爸爸的言行。妈妈也应该允许爸爸出现某些失误，在不断的试错和磨合中，不仅能强化爸爸的角色，更有利于夫妻间关系的改善，提高彼此间的认同度。

情境 忍不住说“动作快点！”

NG

“快点！”
“别磨蹭！”
“你给我适可而止！”（生气）

OK

“马上该出门了，把×××做了吧，来吧来吧！”
“接下来该做什么呢？”

抽象的表述会让孩子摸不着头脑

0～6岁的婴幼儿只能进行“具体的思考”，很难理解抽象的事物。当孩子进入6～12岁的儿童期时，抽象思维就开始逐渐发展了。尽管如此，在9岁以前，孩子的这一能力的发育仍不甚完善，所以大人还是应该尽量使用具体的描述与孩子沟通。

“语言”本就是一种工具，是仅凭描述且不展示实物就可以使他人理解的抽象符号。再加上“快点”“好好做”这种不太具体的词，对于无法使用抽象思维的孩子来说，大人的话就显得更难以理解了。

因此，向只能进行具体思考的孩子说话时，**重点在于把你想让孩子做的事用具体的表述告诉他。除了要把命令转换为“请求和提议”，随着孩子年龄的增长，还可以尝试让孩子自己去问一问自己“接下来该做什么”**。

此外，**对0～3岁的孩子来说，他们可以通过观察大人的行为，或在与大人一同做事的过程中习得“具体的行为”**。因此，大人应当适当地改变自己的观点，即从“叫孩子做事”转变为“和孩子一起做事”。因为即便是3岁以后的孩子，他也才刚刚来到这个世界生活了几年时间而已。大人可能会觉得几年的时间足够让一个孩子学会听懂指令，并且按指令去做事了，但有时候，大人还是有必要和孩子一起去做事，这样会让孩子更快地成长。

此外，在不是非得出门做什么的时候，请预留十分钟的时间，让自己放松一下，给自己的心灵留白。

磨蹭 磨蹭

要出门了！

快点吧！

真是的！你能不能听点话！

……什么？

磨蹭 磨蹭
差不多要出门啦，把绘本收起来吧！
拜托啦！
绘本收拾好以后，接下来应该做什么呢？

总结

把想让孩子做的事具体地告诉他。

不仅要说，还要和孩子一起做。

沟通小技巧

替代“动作快点！”的 5 个步骤

步骤 1 **把想让孩子做的事具体地告诉他**

可以把绘本收起来，放进书包里吗？

步骤 2 **让孩子自己选择**

还要几次才可以做完呢？

步骤 3 **开心地邀请孩子一起去做**

我们边唱歌边走过去取它吧！

步骤 4 **最后的通知和事前的预告**

最后再说一遍哦，马上要出门了，收拾好，去玄关那里等着我。

步骤 5 **走出家门**

时间差不多了，我们出门吧！

如果只是用“我们先走了哦，不等你了”去威胁孩子，就会变成只有父母在从头到尾忙着准备，孩子根本无动于衷。因此，如果按步骤给孩子指导，孩子依旧没有行动的话，只需要在最后一步的时候提醒孩子，时间一到，就出门等待。但是，为了能让孩子跟上每一步的指导，父母最好还是采取“语言提醒 + 行动邀请”的办法。

情境 讨厌刷牙

“不刷牙就会有妖怪来抓你哦。我要不要叫它们过来呢？”

OK

“让我们用镜子照照看看是哪颗牙脏了。”

“那我们把它刷干净好不好？”

“让我们边哼你最喜欢的歌边刷牙吧。”

提前准备一些活动，让刷牙变得有趣起来

也许你经常用“有妖怪来抓你”这种方法吓唬孩子，**但是我还是建议用能引起孩子兴趣的沟通方式，来帮助孩子养成刷牙的习惯。**

可以在孩子能看到的地方准备一面镜子，让孩子能对着镜子看到牙齿的细节部分，引导孩子试着刷一刷，同时播放孩子爱听的歌，让孩子边刷边哼。在孩子开始刷牙后，父母就可以像牙医那样，“现在刷的是上牙哦”，在一旁给孩子做实时解说。**这种交谈和互动的方式能极大地激发孩子的兴趣，类似的互动形式有很多，可以提前准备一些，按照当时的情境选择不同的方案。**

当然，在不会造成孩子过度恐惧的前提下，可以实事求是地跟孩子讲一讲蛀牙的危害，让孩子进一步理解刷牙的必要性。

总结

- 说一些能引起孩子兴趣的话吧。
- 实事求是地告诉孩子蛀牙的危害。

情境 看电视就没办法专心吃饭

“别在那儿发呆，赶紧吃饭！”

OK

“吃完饭再去看电视吧！
接下来要吃哪道菜？”

给孩子创造专心吃饭的环境是关键

在时间特别紧迫的早晨，大人难免会忍不住用命令的语气向孩子发号施令。但不论如何，**还是要注意尽量用“请求和提议”来和孩子沟通。**

在此基础上，等孩子到了能回答问题的年龄，比如孩子能回答出“下次吃什么”，就可以为他提供多个选项，让孩子自己做选择。

再进一步来看，“环境”的影响作用也同样不可小觑。正如我们在第Ⅶ页提到的，孩子需要通过接触环境中各种各样的事物来成长，因此在孩子吃饭时，有一个能让他们专心吃饭的环境是非常重要的。吃饭时应该关闭电视，孩子坐好后，其视野范围内不应有玩具。只要环境布置好了，就不需要再另外提醒孩子专心吃饭了。

总结

- 给孩子多个选项让他们自己选择。
- 提前布置好一个能让孩子专心吃饭的环境。

情境 不会跟人打招呼，声音很小

NG

“声音大一点，声音太小别人听不到。”

OK

“（大人跟着一起）早上好呀！”

“你刚刚是看着别人的眼睛打的招呼呢，我都看到了，真棒！”

用肯定的语气认可孩子做得好的部分

很多大人，每当看到孩子举止不佳，或者有什么地方做得不完美、不够好时，总是会忍不住说上几句。但这种时候，最佳的做法其实是“**认可孩子做得好的部分**”。也就是把指责孩子不足之处的否定语气，**转变为认可孩子的闪光点的肯定语气**。

这样一来，孩子也会因为自己的努力被看到而产生一种自我认同，这种自我认同是培养自信心的基础。不仅如此，在被认可和鼓励的促使下，孩子做事情的积极性也会提高，进而慢慢在和人打招呼时逐渐放开声音，展现出自己自信又落落大方的一面。

总结

- 肯定孩子做得好的方面。
- 拥有了自信，孩子就会主动采取行动改变自己。

情境 吃饭时站在座位上

NG

“我说了多少遍了，不要站在座位上！”

OK

“吃饭是要坐在椅子上吃的哦。来！把小屁股放在这儿，坐好！”

向孩子传达的指导性语言，再具体都不为过

用否定语气传达的指令，难免会带有一些主观情绪，甚至还会有怒气在里面。在这种情况下，孩子得到的信息只会是“我被凶了”“妈妈生气了”“我被爸爸骂了”，却对自己应该要做什么一无所知。为了避免出现这种情况，**对孩子说话时一定要在心里问问自己“我说得足够详细了吗”，然后再尽可能细致地告诉孩子你想让他怎么做**。

不过，如果孩子不太饿，或者还很饱的时候，孩子就会丧失吃饭的兴趣，从而在饭桌上干一些和吃饭无关的事。为此，可以多多关注一下孩子的消化情况。如果孩子确实不饿，可以对他说“一会儿你饿了我再做东西给你吃”。然后让孩子离开饭桌做自己的事，不必非得强迫孩子在不饿的时候和大人一起吃饭。

总结

- **为了避免情绪化表达，请不要用否定语气。**
- **确认孩子的消化情况。**

情境 吃饭时把食物当玩具玩

NG

“停下！别把吃的当玩具玩！”

OK

“这是吃的东西，要像这样吃（大人吃给孩子看）。你要尝尝吗？”

用肯定语气对孩子说："要这样吃哦。"

当孩子吃饭时把食物拿出来玩的时候，为了避免他弄脏衣服、浪费粮食，大人总会忍不住赶紧制止。在这种时候，**与其制止，不如直接告诉孩子应该怎么做**。

也就是把"不要玩了"这种否定句，转换成"要像这样吃"的肯定句。在此基础上，还要把"好好吃饭"这种抽象化的表达转换成具体的动作指导，然后细致地传达给孩子。

除此之外，我们曾在第Ⅸ页提到过，**孩子是具有"吸收力"的。大人作为孩子的榜样，其一举一动都会成为孩子行为的范本。所以，如果大人能主动地将自己想让孩子做的事情演示给孩子看，孩子就更容易理解，也更容易学会。**

总结

- 换否定为肯定。
- 大人最好亲自做示范。

尿床了

“哎，真的是……已经够忙的了。怎么又尿床了啊？”

OK

“睡着的时候不小心尿尿了吗？要不先去洗个澡吧！”

“换身衣服，弄干净吧！”

环境的教育作用远远大于大人的指责

繁忙早晨中的突发事件是对大人耐心的极大考验。即便知道孩子尿床不是故意的，也难免会用“怎么又这样”的语气去指责孩子，或者难以掩饰言辞中的失望和不耐烦。

然而，不仅是尿床，**当孩子把东西摔碎、把饮料弄洒等失误发生时，大人首先要做的就是“不责备”，这非常重要**。原因在于，即便大人不说“看看，我之前是不是说过……”，**环境也会教育孩子应该怎么做**。比如，孩子尿床以后，裤子和床单、被子都会打湿，看到这种“一片狼藉”的环境，孩子很快就能明白“尿床是会弄湿衣服和床的”。

因此，与其指责孩子，不如直接让他们“换身衣服，把自己弄干净”。**只有告诉孩子具体的善后方法，孩子才能学会收拾残局、解决问题**。

总结

- 面对孩子的失误，首先做到“不责备”。
- 告诉孩子具体的善后方法。

情境

吃的、喝的洒了一地，孩子把事情搞砸了

NG

“哎呀！注意看着点，你看你弄得。”

OK

“不小心弄洒了是吗？拿抹布擦干净吧，没关系的。”

“下次记得要用两只手拿好哦。”（做给孩子看）

孩子并不知道该怎样善后

在上一个情境中我们提到过，**孩子把事情搞砸时，父母最好的应对方案是“不责备”“教孩子善后的方法”**。

这样一来，孩子就会知道该如何挽回局面，慢慢地学会凭自己的力量将一切恢复原状。

当以上一切都完成后，你就会发现这算不上什么失误，也并没有给自己添什么不必要的麻烦。不仅如此，**孩子还学会了如何独立处理问题，这对培养孩子的生活能力来说大有裨益**。

在这个过程中，单纯的语言指令会让孩子难以理解，**大人应该亲自向孩子演示如何做才能把东西稳稳地端在手里，从细微之处一点点地帮助孩子成长**。

但是，像一些下意识的责备，比如“看着点！”“好好拿着！”，这种指令是非常抽象的。因此，向孩子具体地描述“两只手要像这样拿”，再加上大人的亲自示范，孩子自然就会在脑海中形成“怎么做”的具体印象。

此外，为了帮助孩子养成善后的好习惯，最好是能为3岁以下的孩子准备一块儿童专用的连指手套型抹布，3岁以上的孩子用普通的抹布就可以了。这块抹布最好是放在孩子能够随时取用的地方，便于孩子清理和打扫。

啪嗒
哎呀！怎么不看着点！
下次好好看着点！

啪嗒
喝的东西弄洒了，用抹布擦干净就好，没关系的
下次记得用两只手像这样端稳哦

总结

反复告诉孩子应该怎么做。

准备一些让孩子自己善后的工具。

沟通小技巧

孩子把事情搞砸后的善后沟通示例

NG “怎么就不能好好端稳呢？”

OK “不小心摔破了吧？我们来一起收拾吧！”

NG “我的天！怎么地上掉了这么多饭！”

OK “饭掉地上了，捡起来吧！”

NG “哎呀！怎么不看着点？衣服都弄脏了！”

OK “衣服弄脏了，快去换一件干净的吧。”

NG “我好不容易做的菜，掉地上都不能吃了！”

OK “菜掉在地上就不能吃了哦，再去盛一点到碗里吧。”

NG “跟你说了多少遍，饭菜不要掉在地上！”

OK “你没事吧？去拿抹布过来，擦干净好吗？”

哭着闹脾气

NG

“够了！别再哭了，快点给我停下来！”

OK

“你不喜欢××，对不对？我知道的。”
“这样啊，原来你想做××呀？”

孩子止不住哭泣也没关系，先试着理解他们吧！

孩子一旦开始发脾气，就会大声喊叫，声音相当刺耳，大人的怒火也会被瞬间点燃。但是，孩子发脾气绝对不是为了让大人生气，只是孩子目前还没有足够的能力去控制自己的情绪，表达自己的需求，所以才会以这种极端的方式表现自己的状态。

发脾气时，孩子自己其实也不知道该怎么表达情绪，就只能任由情感肆意地爆发，可以说是陷入了某种不明所以的状态。因此，大人不必妄想让孩子尽快停止哭泣。

首先要做的应该是试着理解孩子。在此基础上，如果孩子不排斥的话，试着抱抱他，拍拍他的背，让他慢慢地平静下来。然后再对孩子说“原来你是想××呀”，**表达对他的理解，并替他说出他的想法**。说出来以后，孩子就会学着去觉知并调整自己的情绪。

在得到了大人的理解和身体的安抚后，孩子就能逐渐冷静下来了。总而言之，大人在这一过程中扮演的是一个能让孩子进入“安静模式”的角色。进一步来说，**这种沟通方式和类似的其他方法，都有利于培养孩子表达情绪和需求的能力，这也是孩子语言表达能力发育的基础**。

呜哇哇
我不要
啊
啊啊

我不要
啊
啊
啊啊
好了好了！
不要再
哭了！

呜呜
呜呜
真是够了！
快点停下来，
不准哭了！

呜哇哇
我不要
啊啊啊啊
我不要
啊啊啊啊
原来你不喜欢××呀
我知道了，原来你想要××呀！
嗯……

总结

首先要理解孩子的情绪。

做一个能帮孩子恢复平静的大人。

烦恼咨询室 3

孩子总是难以集中注意力，怎么办？

（孩子 5 岁）

大人想要让自己集中注意力时，会把坐的地方、听到的声音等和环境相关的要素都一一调整好。但是孩子没办法靠自己调整环境，因此，就需要大人帮助孩子整理出一个有利于集中注意力的环境，最重要的是让孩子避免受到过多的视觉与听觉上的干扰。因此，可以让孩子的书桌面对墙壁，并放在房间的角落处，然后关掉电视。当孩子的注意力开始集中后，就不要再和他说话了。此外，当孩子痴迷于做某件事的时候，其注意力自然而然地就会集中。一件事如若不能引起孩子的兴趣、关注和积极性，大人即便再怎么强调“要集中注意力”，孩子也没办法进入状态。因此，对如何集中注意力这个问题来说，一个能让孩子有选择权的环境、孩子与大人的关系，以及大人的参与都是非常重要的。以上这些要素结合起来，就能帮助孩子集中注意力，久而久之，孩子也会养成专注的好习惯。

情境

不愿意去上幼儿园，舍不得离开家

NG

“你哭得这么厉害，我都想跟着哭了……”

OK

“我知道你想跟爸爸妈妈待在一起，等放学了我们一定去接你回家。路上小心哦！”

“爸爸妈妈也要去加油工作啦！”

理解孩子的心情，替孩子说出心声

当孩子不想去幼儿园时，总会紧紧抓住大人的衣角不愿松手。每到这时，着急的大人恨不得拽着孩子把他们拖去幼儿园。但如果你回想一下自己刚上班时的那种心烦与苦闷，也许就能理解孩子不愿意去上幼儿园的心情了。所以，**要试着理解孩子的心情，替他们说出心声**。

最好是能在承诺放学后一定会去接孩子之后，**朝气蓬勃地说一句“路上小心哦”**。

因为父母的不安情绪很容易传染孩子，所以一定要尽可能积极愉悦地对孩子说：“没关系的！好好享受新的一天吧！”

然后，**在分别的时候要顺便告诉孩子，分开的这一天里你要去做什么**。“妈妈要坐电车去××地方，然后就开始工作啦。”“爸爸今天要去××地方工作，然后和××商议工作上的事。”不要为了哄好孩子而说谎！虽然说了实话，孩子可能也没办法当场停止哭泣，但知道了爸爸妈妈这一天的安排，孩子多少会有一些安心的感觉。

最后，可能有的时候大人会向孩子承诺“今天我一定会第一个来接你”“今天我一定早早地就来接你”。但在孩子对家人依依不舍的时候，**父母还是应该只承诺自己能做到的事**，否则结果只会适得其反。

我只想要爸爸，我不去幼儿园！
不要再哭了！
呜呜
今天爸爸一定第一个来接你！
我们拉钩钩！

我只想要爸爸，我不去幼儿园！
爸爸知道你想跟爸爸待在一起，等放学了我一定接你回家
抽泣
路上小心哦！爸爸也要去加油工作了
挥手

总 结

避免将不安的情绪传给孩子，多输出积极的正能量。

分别的时候要实话实说。

烦恼咨询室
4

总为育儿和夫妻关系的问题烦恼，有什么好的解决办法吗？

（孩子 4 岁）

我们在问题 2 提到过，当你遇到一些让你产生负面情绪的事物时，首先不要轻易下判断。我们总是会在不知不觉中将遭遇的种种问题用“这个就是这样”的思路在脑海中进行整理。比如，认定自家的孩子“怕生”，认定自己的伴侣“没有自信”。诚然，每次都用同样的思维模式去思考是一件相当轻松的事情。但是，这也在无形中为自己戴上了有色眼镜，从而蒙蔽了双眼，难以看清事实。长远来看，还容易被困在这种思维模式中难以逃脱。

当你意识到这一点之后，就会不再为自己的期待值与现实之间的差距而烦恼了，从而让自己更加轻松。虽然有时难免还是会忍不住给对方下判断，但我还是建议多多关注自己和对方的变化（成长），始终用“新眼光”去看待彼此。

专栏
这时应该怎么办？
1

入园

这种情况 常有！常有！

- 在等待入园的这段时间内感到焦虑和不安。
- 对新生活感到不适应，因而焦虑不安。
- 对上幼儿园感到悲伤，讨厌幼儿园。

让孩子提前感受到幼儿园的良好氛围，让孩子产生期待

在准备开始新生活的那段时间里，**提前告诉孩子**“这是 ×× 幼儿园，四月开始你就要去那里上学啦”“妈妈要在你去上幼儿园的时候去工作哦”等信息。

虽然很多幼儿园会提前举办说明会并发放资料，但很多孩子都是在毫不知情的状态下就匆忙开始了自己的新生活。在孩子入园之前，父母可以经常带着孩子去将要就读的那所幼儿园附近逛一逛，并告诉孩子：“以后你就要来这里上幼儿园啦。”还要一起提前为孩子准备好各种必需品，用愉悦、期待的语气对孩子说：“你会被分到哪个班级呢？”从而引导孩子畅想入园之后的新生活。如果有幼儿园的相关资料或官网的照片，也给孩子多看一看，从而引起孩子对幼儿园的美好期待。

此外，孩子入园以后用的各种物品都是崭新的，这会让孩子感到有些手足无措。所以，在入园前，可以让孩子在家里先试着用这些物品，慢慢练习，提升熟悉感。至于 0 ～ 2 岁等年纪较小的孩子，最好让他们直接把家里的用品带去幼儿园使用。带着自己喜欢的东西去幼儿园，能让孩子在陌生的环境里感到一丝丝安全感。

需要注意的是，在入园之前不要对孩子说“你再这样的话可就去不了幼儿园了”等带有消极情绪的话语，而是应该用积极的表达方式，**让孩子充满期待**，比如“是不是很期待新生活呀”“可以和小伙伴们一起玩玩具了呢”。

专栏
这时应该怎么办？
2

叛逆期

这种情况 常有！常有！

- 不管怎么说、怎么做，孩子就是不听。
- 睡觉前磨磨蹭蹭，父母搞不定。
- 自我意识开始萌芽，总是捣乱以寻求关注。

不要与孩子正面交锋，首先尝试理解并站在孩子的立场说话

我们通常所说的“叛逆期”，是指不论大人说什么，孩子都会以说“不要”等形式的反抗进行自我表达，实在是让人头疼。但这一时期的孩子绝不是有意要反抗父母的，**只是他们的自我意识刚刚萌芽，因此孩子总是会不自觉地想要炫耀他们正在发展的小小意志力**。意志力的发展是成长的前提，因此，最好是像健身那样，**父母要每天试着去锻炼锻炼孩子的意志力**。

沟通的重点在于，不要和孩子正面交锋。因此，当孩子说“不要”的时候，直接回复“这样呀，原来不想 ×× 呀”，**首先尝试理解孩子，站在孩子的立场与之交谈**。

此外，孩子刚从幼儿园回来，或者在睡午觉之前，往往都正处于困倦、疲惫等基本需求得不到满足的状态，这时他们就会更加“叛逆”。所以，最好是对孩子说一句“今天是不是累了呀”，站在孩子的立场上替他们把心情表达出来。

要格外注意的是，这一时期，孩子有着相当强大的语言吸收能力和极其强烈的表达欲望。为此，当孩子说“不要”的时候，除了要理解孩子，还要引导孩子说出“想要 / 做 ××”等，**反复锻炼孩子在不同场景下该如何用正确的方式表达自己想法的能力**。如此一来，孩子就能吸收正确的语言表达方式，从而逐渐学会使用语言进行自我表达。

专栏 这时应该怎么办？3

学会上厕所

这种情况 常有！常有！

- 孩子总是做不好，父母也跟着着急。
- 学习节奏被打乱后，又得重新学。
- 和其他孩子比学得很慢，大人因此而焦虑。

为孩子学会自己上厕所助力

在蒙氏教育中，一般将自己上厕所称为“如厕学习”。这一过程的目的并非让孩子通过训练习得一项技能，**而是在大人的帮助下让孩子学会独立思考并采取相应的应对方法**。因此，我们的目标不在于尽量减少孩子失败的次数，让孩子尽快学会自己上厕所，**而是在尿裤子的经验积累中，让孩子逐渐了解衣服弄湿了该怎么办，从而知道自己在什么时间如厕最好，也就是在一点一滴的进步中逐渐学会独立应对，学会自己上厕所**。

不过，处于叛逆期的孩子在刚开始进行“如厕学习”时，可能会直接拒绝大人的引导。为此，如果两次小便之间的间隔是一小时左右（从一岁半左右开始），就不用给孩子穿外衣了，让孩子一整天都穿着内裤，并时常引导孩子去上厕所，同时帮助孩子养成尿湿了就换的习惯。在这一过程中，最好为孩子准备一个坐便椅，在坐便椅的辅助下孩子能更容易地学会自己上厕所。

此外，孩子在专心玩耍时和睡梦中尿裤子也是很正常的，**所以千万不要因此而责怪孩子，而应该在教孩子尿湿了要换衣服的同时，适度地给孩子一些建议：“想尿尿的时候不要憋着，去上厕所吧。**”不要觉得“尿裤子＝失败＝坏事”，而是要以成长的眼光从各种情境中发掘出帮助孩子“学习”的机会。

专栏

这时应该怎么办？

4

身体不适

这种情况 常有！常有！

- 做事情比平时更磨蹭，也更喜欢撒娇。
- 明明平时能做的事，突然说做不了了。
- 因不能外出而产生焦虑和压力。

孩子察觉不到自己身体不适，很难进行自我调节

当孩子免疫力下降，出现感冒的症状时，往往会表现出做事比平时更拖拉，之前能做到的事现在也不愿意做了，易怒等反应。成年人头痛或者鼻塞时，往往也会出现做事不在状态、注意力难以集中、没有精神、易疲劳等情况。不同之处在于，成年人能从这种身体感觉中跳出来，对自己的具体情况做出判断，从而采取“今天得好好休息”“今天身体不舒服就不勉强自己工作了”等应对措施来调节自我。

但孩子是很难从身体不适的状态中跳出来并对自己做出具体判断的，更别说自我调节了。所以，发现孩子身体不适时，大人应该替孩子表达出自己的感受，并告诉孩子应该如何调节与应对，比如“鼻子堵了确实挺难受的”“感冒了就在家里好好休息吧”等。

此外，生病的孩子可能会比平常更易怒，或者更喜欢撒娇。**但毕竟是特殊情况，所以还是尽量多包容孩子，给予孩子更多的关怀与照顾**。

大人有时也会难以遵守约定

总会忍不住说“别太过分了！”

希望孩子学会主动跟别人问好

对孩子的大量夸赞是否得当？

用孩子能理解的方式与他们沟通

因买东西和做家务的进度总是被打断而烦躁易怒的

还没上幼儿园或者放假在家的孩子，

免不了要和大人一起去公园游玩、买东西等。

如果遇到孩子不睡午觉、做事拖延的情况，又应该如何与孩子沟通呢？

让我们来一起看看有哪些要点吧！

情境 一玩就停不下来

NG

“跟你说了多少遍了，别玩了！别太过分了啊！”

OK

“再玩最后一个，就该停下来了哦。”

“快收拾收拾！试着把玩具都放进篮子里看看！”

具体地告诉孩子应该怎样停下来

处于婴幼儿阶段的孩子，由于意志力发展不完善，所以很难控制自己的行为。其实，即使是对意志力已经逐渐完善的成年人来说，自控也不是一件容易的事。比如在吃零食的时候，明明说了“再吃最后一个”，最后却吃得一点儿不剩；和朋友吃饭时本来想着再吃半小时就走，不知不觉一小时过去了……**类似这种“停止做某事”的行为，看似简单，实则需要强大的意志力来控制。成年人尚且如此**，对于意志力发展尚不完全的孩子来说，做不到就更是再正常不过的事了。

因此，要借助巧妙的沟通方式来帮助孩子“停下来”。比如，可以具体地告诉孩子：“再玩 ×× 次我们就结束哦。”等孩子对时间和数字有了具体的概念之后，就可以试着问问孩子：“我们再玩几轮就结束呢？”让孩子自己做选择。

另外，**为了能让孩子尽快停下来，除了要强调“结束了”“停下来”**，还需要加上“把玩具收拾起来吧，该跟妈妈一起来做饭了”等表述，**让孩子对“停下来”之后要做的另一件事充满期待**。这样一来，就会让孩子把注意力从“停下来”转移到下一件要“做起来”的事上，行为的“切换”就这样愉快而顺利地完成了。而这一切的前提是，**大人说话的语气必须是轻松愉悦的**，并且还要和孩子一起行动。如果大人只是一味地用愤怒的语气命令道：“快把玩具放进来！”是很难将孩子的情绪调动起来的。反之，若是使用轻松平和的语气，则能让孩子自然而然地将注意力转移过来。

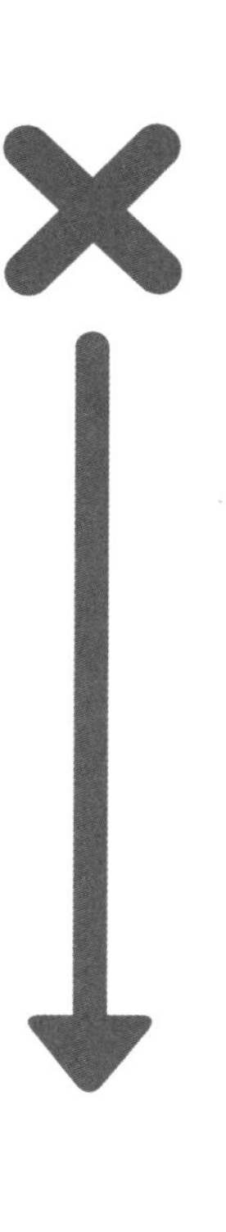

该出发了哟！

啊？

跟你说了多少遍了，别玩了！别太过分了啊！

快点收拾干净，赶紧出发了！

积木

该出发了哟！
嗯！
再搭最后一个我们就不玩了，好不好？
你看，就像妈妈这样，把玩具放进这个篮子里哦
好！我学会啦！
积木

总结

帮助孩子『停下来』。

用愉快的语气讲清楚接下来要做的事，让孩子充满期待。

烦恼咨询室
5

有必要和还不会说话的孩子说得那么具体吗？

（孩子 10 个月大）

对于还没到开口说话的年龄的孩子来说，具体的沟通也是非常重要的。不能因为孩子还不会说话，大人就认为“不会说那就不说了”，而是要教孩子说“早上好”这样的话。此外，孩子看到大人在说“请”“等一下”“对不起”“谢谢”等文明用语的时候，在不知不觉中慢慢吸收不同的词汇和用语（情境、语调、说话方式和相应的表情），从而内化为自己的技能，因此能够间接学会“在不同情境下该说什么话”，在这一过程中，为了让孩子听得更清楚，如果大人能将语速放缓就更好了。这和我们在学习一门新外语做听力题时，语速过快就很难听懂是一个道理。

不能遵守约定

NG

"怎么说话不算话呢？"
"我们刚刚不是说过了吗？"

OK

"刚刚我们是不是说好了'要牵着手一起走呀'？快来牵着我吧。"
"刚刚我们是怎么约定的呀？"

孩子如果不能遵守约定，不要强调过去，要教孩子现在以及未来应该怎么做

对于记忆力、意志力尚未发育完全的孩子来说，可能在不经意间就会忘了刚约好的事，从而没办法遵守约定，其实这不是孩子故意的。每当这时，大人就会忍不住指责道："怎么说话不算话呢？"但是，此时最重要的不是强调孩子没能遵守的"过去"的那个约定，而是着眼于指导孩子当下及今后应该怎么做。

为了让孩子成为一个具备独立思考能力和行动力的自立、自律的人，大人需要特别注意自己和孩子的沟通方式。比如，可以跟孩子说："刚刚我们是不是说好了'要牵着手一起走呀'？快来牵着我吧！"**向孩子再好好说一次刚才的约定**，而不是用"刚刚不是说过了吗""喂！你怎么回事啊"这种语气去指责孩子。

此外，针对3岁以上的孩子，为了锻炼孩子的记忆力和表达能力，大人可以先向孩子确认一下"刚才我们是怎么约定的呀"。如果孩子答不上来，最好用"刚才我们是不是说好要牵着手一起走呀"等疑问句的形式让孩子回答是或不是。

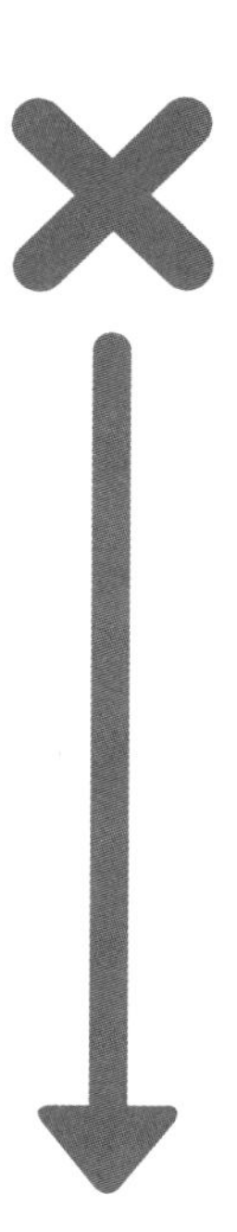

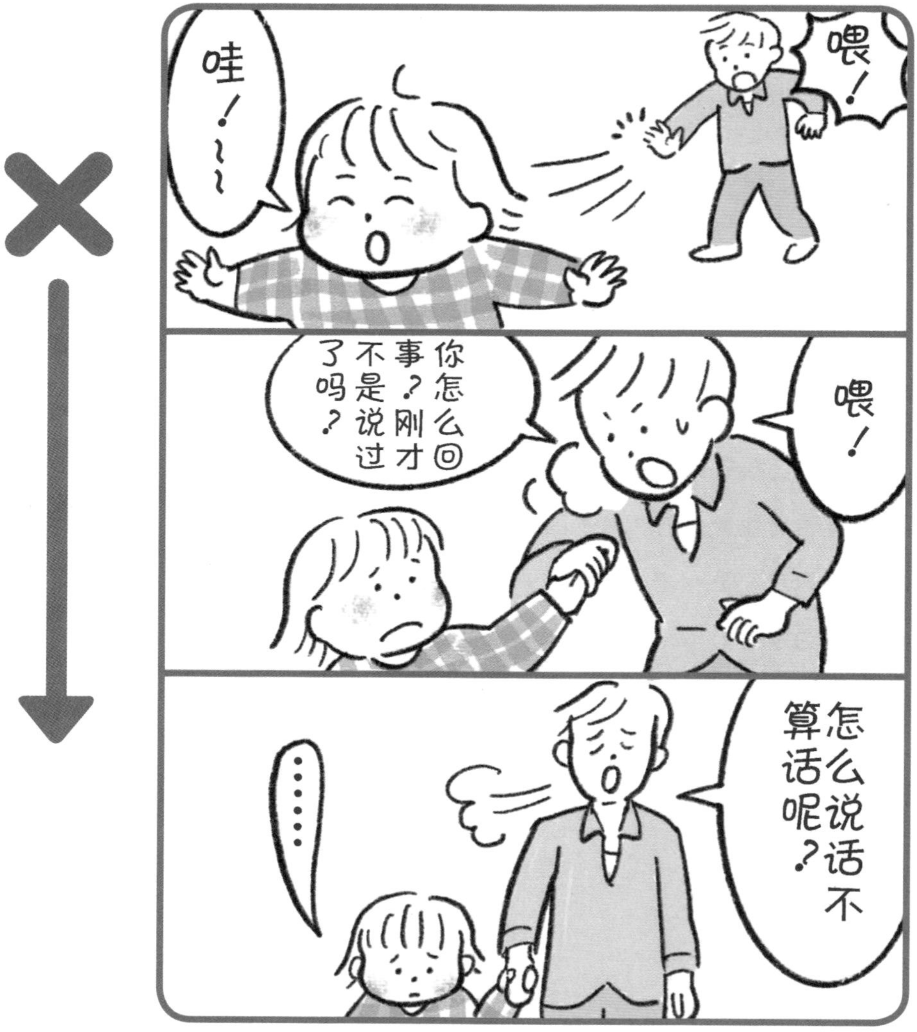

喂！

哇！~~

喂！

你怎么回事？刚才不是说过了吗？

怎么说话不算话呢？

……

喂！
哇！~~~
我们刚才怎么约定的呀？
……要牵着爸爸的手……
对！我们刚才说好要牵着手一起走的哦
来，牵住爸爸的手！
嗯！

总结

不要指责孩子，而是向孩子再说一次约定的内容。

向孩子确认刚才约定了什么。

烦恼咨询室
6

孩子总说："陪我玩！"没办法好好做家务。

（孩子今年 2 岁）

本书第Ⅸ页我们曾经提到过，从蒙氏教育的理念来看，孩子从两岁半开始就进入了"社交行为的敏感期"。因此，过去习惯独自玩耍的孩子会逐渐显示出希望与他人一起玩耍的迹象。此时，如果孩子想让你和他一起玩，最好是正面回应孩子的请求。

不过，在开始玩耍之前，你需要明确地告诉孩子一会儿你还有别的事要做，比如"玩完以后妈妈就要去做饭了哦"。游戏结束后，再次告诉孩子"刚才说好了，现在妈妈要去做饭了"。如果孩子不愿意，就可以对他说："下次妈妈还能陪你玩，你现在想一想我们下次玩什么，好吗？"让孩子对下一次的玩耍充满期待。正面回应了孩子的需求，就会让孩子获得安全感，并感到满足，知道自己是被关注着的。

情境 拿走小伙伴的东西

NG

“不能随便拿别人的东西！”

OK

“这是 ×× 的玩具，我们不可以拿哦。你想玩，对不对？如果想玩的话，要对 ×× 说‘能借我玩一会儿吗’。”

变斥责为传达，冷静处理

每当孩子给别人添了麻烦时，父母总是会忍不住大声呵斥。但是，**斥责的效果不一定比心平气和的传达要好**。在向孩子传达“不能随便拿别人的东西”这一规则时，最好是冷静地、心平气和地告诉孩子“这是 ×× 的玩具，我们不可以拿哦”。**这样的表述充分体现了大人对孩子的情绪与感受的理解，从而拉近了双方的心理距离**。

在此基础上，还需要进一步具体地告诉孩子你希望他怎么做。纵使你很希望孩子能自己跟对方说自己想玩这个玩具，**但具体怎么说还是得由大人来教**。

总结

- 用平静的语气冷静地传达。
- 具体地告诉孩子你希望他怎么做。

情境 不愿意把玩具借给其他小朋友玩

“不愿意借的话，你自己也别玩了。”

OK

“现在不想借的话，直接说‘我过一会儿再借给你’就好。我们试着一起说说看？”

不要求孩子做到大人所认为的“应该借给别人”

孩子现在正处于一个构建“自我”的时期，这一时期需要让孩子尽情去做他们想做的事，这种敢想敢做的经历有助于孩子的成长。因此，我们首先要做的是，**把“应该借给别人”的固定思维转换为“不借也没关系”**。在此基础上，**大人最好是能教给孩子和小伙伴沟通与解释的具体方法**。

如果孩子尚处于不会说话的阶段或对此羞于启齿，可以对孩子说“那我们试着一起说好吗”，来帮助孩子进行语言表达。

总结

- **转换思维，“不借也没关系”。**
- **可以和孩子一起说。**

情境 对小伙伴动手，拿东西撒气

NG

“天呐！你在干吗！”

OK

“想把东西要回来的话，直接说‘把东西还给我’就好。”

“（制止孩子）不可以砸别人的东西。”

制止孩子的错误行为

这种情形可能与前文提到的“拿走小伙伴的东西”有相似之处，但处理方式上有一点不同，那就是要先制止，再沟通。

当孩子在伤害自己和他人，或破坏东西时，对于父母而言，比起沟通，更重要的是先用身体动作去制止孩子当下的行为。当孩子砸东西时，就抓住他的双手不让他继续砸；当孩子扔东西时，就握住他扔东西的那只手制止他等，在制止了这些错误行为后，再用上文推荐的正确方法与孩子沟通即可。

基于理解孩子的角度，我们可以在对孩子说“我们不喜欢××，对吧？”的基础上，**加上一句“但是砸东西这种行为是不对的哦”，一定要用平静且严肃的语气将规则传达给孩子。**

总结

- **先制止，再沟通。**
- **冷静地告诉孩子应该怎么做。**

情境 玩具被人拿走后委屈地哭了

NG

“别哭了，不想被拿走就直接跟他说不要拿走啊。”

OK

“你不喜欢玩具被别人拿走，对不对？试着跟他说‘还给我’，好不好？”

告诉孩子该怎么说、怎么做才能解决问题

当孩子因为伤心或讨厌的事情而哭泣时，**我们首先应该做的是接纳孩子的情绪，替他表达出自己的想法**。这样的接纳可以让孩子感到安心和愉悦，能使孩子的情绪恢复平静。

当孩子初次经历“玩具被拿走”这种事时，大人首先要接纳孩子的情绪，说出孩子的心声，**然后告诉孩子在这种情况下具体该怎么做才能解决问题**，比如跟孩子说：“试着跟他说‘还给我’就可以啦。”教孩子用沟通的方式去应对此类情况。

如果孩子多次经历这种情况后，仍然因害羞无法自己说出“还给我”，**不如试着向孩子提议“我们一起对他说‘还给我’，好不好”**，从而帮助孩子克服羞怯心理。

总结

- 首先要理解孩子的心情，并帮助孩子表达自己的情绪。
- 为孩子提供解决方法。

情境

想考考孩子能否记住某个词语

NG

"这个，是什么呀？"

OK

"大象是哪一个？长颈鹿又是哪一个呢？"

学习词汇和发音这件事本来就很难

当孩子之前在生活中或者绘本中看到过的东西再次出现时，大人们总会忍不住问：“这个，是什么呀？”这种问法会给孩子一种“不得不回答”的压力。

但是，**即便是看到过很多次，听说过很多次的东西，让孩子记住并说出具体对应的词汇是什么，对孩子来说仍然是一件十分困难的事**。更何况，孩子每天接触到的词句又不止一个。**当大量的词语在同一时间袭来时，孩子需要一定的时间才能吸收消化，从而充满自信地表达出来。**

因此，在孩子能独立自主地说出这些词句之前，最好的方法是让孩子用手指在绘本或生活场景中指出来“×× 是哪一个”。在蒙氏教育中，**这种方法被称为“塞根三阶段教学法”**㊀。

总结

- **即便认识某个词，不会发音也是很正常的。**
- **使用“××是哪一个”的提问方法。**

㊀ 塞根三阶段教学法，即蒙氏三阶段教学法。第一阶段：命名，教师给物品准确的命名或者概念，帮助幼儿将其与物体及对应的概念建立联系；第二阶段：辨别，让孩子辨别与名称相对应的物体；第三阶段：发音（确认），让孩子说出所指物体的名称。——译者注

情境

在超市里撒娇哭闹

NG

“别哭了啊！大家都看着呢，羞不羞？”

OK

“不能买 ×× 所以你不开心了，对不对？我知道的。（停顿片刻）但这些我们确实不能买哦，我们一起把它们放回货架吧。”

“在这里坐着太危险了，我们换个地方吧。来！我抱你。”

尽管很在意周围人的目光，也还是应该先接纳孩子的情绪

尽管在他人的注视下难免会感到“羞耻”，**但最好还是稍作忍耐，先接纳孩子并替孩子表达他们的情绪**。如果一开始就跟孩子说“不准这样”，这种否定式的表达只会让孩子哭得更伤心。所以，在接纳孩子并安抚孩子的情绪之后，**停留片刻，再告诉孩子哪些事是无理要求，哪些事是之前就商量好了的，无法改变，最后再以“我们一起放回货架吧”这种肯定式的表达作为结束**。

但是，如果孩子始终无法平静下来，做法也还是一样，**不要只想着简单粗暴地让孩子停止哭泣，而是可以先将孩子转移到一个人少的地方**。在此之前，最好还是先告知孩子一声“我们换个地方吧。来！我抱你”，这样的做法才是对孩子的尊重。

总结

- **接纳孩子并替孩子表达他们的情绪。**
- **孩子实在无法平静下来就先转移“阵地”。**

出门在外，总是乱摸乱碰

“喂！那个不能碰！”

OK

“这个东西很贵重的哦，我们只看看就好，不要动手摸哦。（大人做出只看不摸的姿势）就像我这样，只能看不要摸哦。”

根据孩子的年龄阶段选择相应的沟通方式

当孩子出门在外乱摸东西时，大人们总会忍不住粗暴地制止，这就是一种典型的否定式的沟通。**但显然，最好的办法依然是用肯定且具体的表达方式去和孩子沟通。在这一过程中，大人只有用不超出这个年纪的孩子的理解范围的“理由”去解释**，才能让孩子心悦诚服，同时也有利于培养孩子独立思考、自我控制的能力。

按年龄阶段划分，对 0 ～ 1 岁的孩子，只需要说：“这个东西，是很要紧的、了不起的、厉害的！”对 2 ～ 3 岁的孩子，则应该说：“这是很贵重的东西哦。”对 3 ～ 4 岁的孩子，则需要更详细的解释，即“这个弄坏了就修不好了，所以很珍贵哦。”针对 4 岁及以上的孩子，可以说：“这是店里卖的东西，而且还是玻璃做的，一旦摔碎了，妈妈可没办法复原哦，所以我们只看看就好，不要摸哦。”

此外还需要强调一点，**3 岁及以下的孩子可能无法完全理解什么叫“只看看”，所以大人最好亲自演示给孩子看**，让孩子能从实际且具体的角度理解大人的意思。

总结

- 用肯定句而非否定句，具体地告诉孩子该怎么做。
- 表达方式应符合孩子的认知。

情境

总有问不完的问题，“这是什么？”“为什么呢？”

NG

“你好烦啊，刚刚我不是回答过这个问题了吗？”

OK

“这个是××。”
“这个问题爸爸也不知道呢，我们一起查一查好吗？”
“这个问题我一时半会儿也不知道怎么回答，要不明天我再告诉你，可以吗？”

诚实的回答是帮孩子养成学习习惯的基础

当孩子对事物充满好奇，或想要了解更多的时候，就会忍不住问大人“这是什么”“这是为什么呢”。孩子一个接一个的问题难免让人心烦意乱，大人也总是忍不住用一句“刚刚我不是已经回答过了吗”去打发孩子。但是，**孩子总是会对这个与自己刚见面的新世界充满好奇，孩子只有充分地了解了这个世界，才能更好地适应环境，健康成长。**

因此，**作为大人，我们能做的只是“诚实地回答”**。即便回答不上来，也可以日后再查找答案，这时只需要对孩子说一句“明天再告诉你，可以吗”。**大人诚实的回答不仅可以充分满足孩子的求知欲，还有利于培养孩子良好的思考和学习习惯。**

总结

- 诚实的回答是帮孩子养成学习习惯的基础。
- 回答不上来的时候，之后去查一下也是可以的。

情境 一做不到就想放弃

NG

“绝对不可以放弃！”

OK

“你是想这样做，对吗？”
“让我帮帮你，好吗？”
“这样做也许就能做出来了，我们试一试，好吗？”

上手帮忙前，先和孩子沟通

当孩子做事遇到困难时，**首先要将孩子正在做以及想做的事说出来给他听**，比如“你是想把这个绳结解开，对吧”。

随后，纵使你很想直接帮孩子完成这件事，随意的“代劳”可能也只会换来一句“我本来想自己做的！”，最后反倒是一点忙也没帮上。所以，**为了表示对孩子足够的尊重，事前请务必询问一下，如“爸爸帮你拿着好不好”**。

此外，最好是能把这其中的诀窍讲给孩子听，把具体做法展示给孩子看。这种展示绝不是向孩子炫耀，而是应表达出一种对孩子“想做某件事却做不好的挫折感”的理解，**再在此基础上不过分张扬地把诀窍告诉孩子，引导孩子自己去“放手一搏”**。

总结

- 用合理的沟通方式去激发孩子的动力。
- 在展示的过程中注意低调和克制。

情境

为了某件事任性撒泼或后悔遗憾

NG

“你要嘟嘟囔囔到什么时候？”

OK

“这件事确实让人难过，真是太可惜了。这种时候直接把‘没做到真的好可惜’这句话说出来就好了哦。”

情绪接纳与替代表达，不论对当下还是未来，都大有裨益

在这种情形下，最好是先接纳孩子的情绪，再代替孩子表达情绪，**最后用一句“确实很可惜呢”的表达，让孩子的情绪“言语化”**。替代表达和言语化不仅在当下可以安抚孩子的情绪，给他们安全感，促进其语言能力发展，长期来看，**还有利于提高孩子的情绪自我察觉能力**。人类生来就与情绪相伴，在漫漫人生路上，如若缺失了掌控情绪的能力，便难以前行。因此，**如果在孩子的童年时期就帮助他们进行情绪的言语化，且积累为不同情绪命名的经验，使孩子能充分地察觉自身的情绪变化，就能使其拥有在未来更好地掌握管理情绪的能力**。

总结

- **接纳孩子并替孩子表达情绪，为情绪命名。**
- **情绪的言语化能给予孩子安全感。**

情境 不会说“谢谢”“对不起”

NG

“连这都说不出来，你羞不羞啊？”

OK

“这种时候要对别人说‘谢谢’哦。（大人带着孩子一起说）谢谢你！”

学会礼貌用语，要从婴幼儿时期抓起

许多人都对“孩子一定要有好的修养”这一点有着强烈的责任感，于是便在打招呼、懂礼貌、道歉等方面对孩子严格要求。诚然，作为沟通能力和迈入社会基础，“谢谢”“对不起”等词是有必要让孩子掌握的。但是，**想让孩子达到熟练掌握、灵活运用的程度，也是需要时间的**。因此，可以从婴幼儿时期开始，就试着让孩子一点一点地学习怎么说。

首先，要明确地告诉孩子不同情况下不同礼貌用语的用法，比如，“在这种情况下要说‘对不起’哦”。在此基础上，**大人还需要在这些具体的场合中做表率**，当孩子说不出来的时候，**跟孩子说“我们一起说，好不好”“一起说，试试看”**，等等。

然后，在本书开头我们曾讲过，“孩子的成长是环境的产物”。这里说的环境同样包括我们大人所构筑的“人的环境”。因此，**大人在日常生活中所说的每一句“谢谢”和“对不起”，都会成为孩子学习礼貌用语的养料**。这些养料不仅包括我们对孩子所说的“对不起”和“谢谢”，还包括我们对商店的店员、快递员、伴侣以及其他成年人所说的礼貌用语，孩子会通过观察大人的言行进行大量的吸收和学习。**我们在其中扮演的角色，既是养料的来源，也是学习的榜样**。

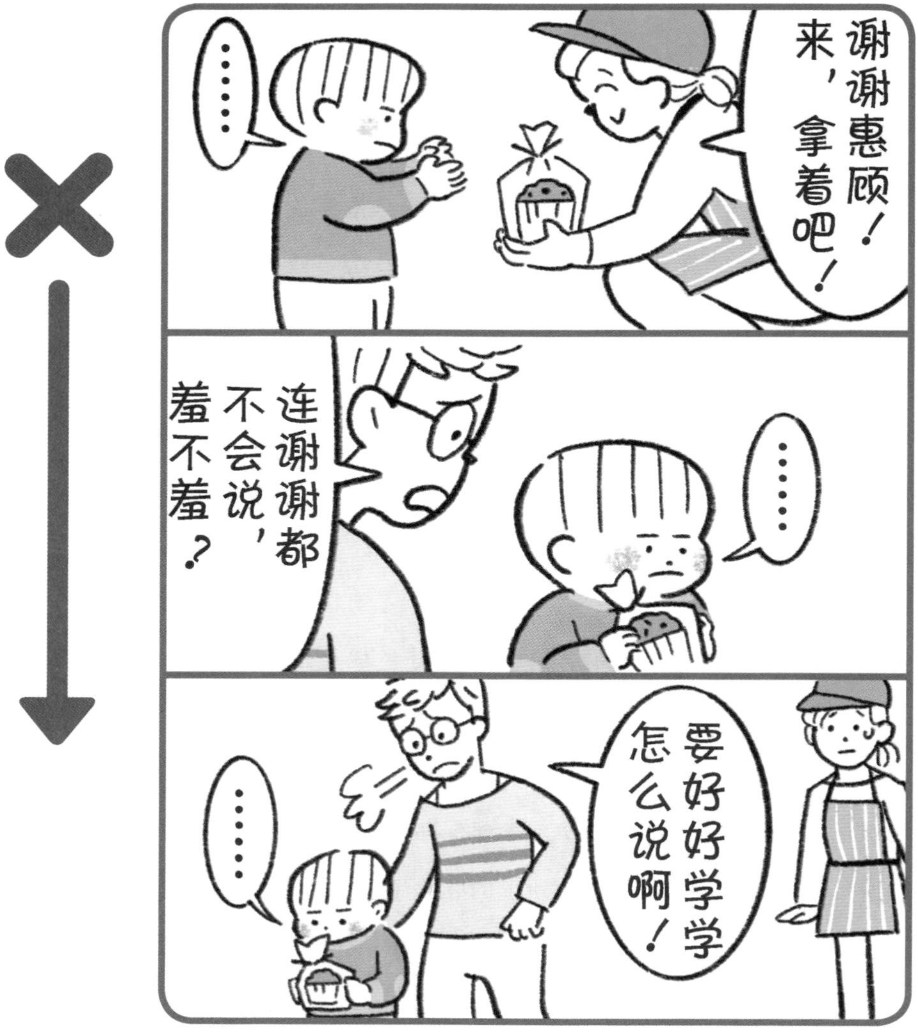

谢谢惠顾！来，拿着吧！
……
连谢谢都不会说，羞不羞？
……
要好好学学怎么说啊！
……

谢谢惠顾！来，拿着吧！

……

这种时候要说谢谢哦

我们一起说吧！

（父子俩一起）谢谢！

总结

大人要作为孩子的榜样，教孩子说。

孩子自己说不出来的话，大人可以带着孩子一起说。

烦恼咨询室
7

拒绝挑战新事物，认为“反正肯定做不好”。

（孩子 5 岁）

当孩子准备尝试新事物时，他们必然对这件事有着相当的自信、足够的自尊和自我肯定感。然而，这些都不是突然形成的，而是来源于孩子自身在产生兴趣方面的有益经验。基于这种经验，孩子自然而然地就能将兴趣转移到某个事物上。另外，“不怕失败”的信念也很重要。当一个人在经历了挫折后被告知“不能再做了”，再也无法得到挽回的机会时，失败的体验就会形成。但如果在面临挫折时被告知“失败了也没关系”，甚至有人教“这样做也许还能挽回”，再由自己挽回颓势，就会获得成功的体验，从而形成“不怕失败”的信念。此外，大人也应尝试去挑战新事物，并勇于向孩子展现失败的结果，也能帮助孩子树立“不怕失败”的信念。总而言之，希望父母和孩子能在一次次的挫折和失败中共同成长。

情境 做了不该做的事

NG

“真是够了！赶紧停下来！”

OK

“这是架子，不可以爬上去的，下来吧。快下来。”

愤怒的指责并不能让孩子知道哪里做错了

前文中我们已多次提到要化“斥责”为“传达”，在此基础上，还需要做到“具体地传达”你希望孩子做的事情。在危险的情况下当然是要赶紧制止孩子的行为，不过在不怎么危险紧急的情形下想要尽快阻止孩子的行为，**大人不能指望仅用一句话就能解决问题，而是应该反复劝导**。但如果在这一过程中，大人只是以愤怒的言辞指责孩子，就会给孩子加深自己“被凶了”“被骂了”之类的印象，让孩子产生惧怕心理。

在这种惧怕心理的支配下，孩子可能会立即停止危险或不当行为，但孩子又无法得知自己为什么做错了，以及下次又该怎么做，于是只能在一次又一次犯错、一次又一次被严厉训斥中重蹈覆辙。**为了避免这种情况，大人应该详细地告诉孩子“希望他们怎么做”，并帮助孩子从认识和行动两方面纠正错误行为。**

日常生活中的沟通也不应该仅止于告诉孩子“要乖”“要听话”，**而应该着眼于“自律和独立”，培养孩子的生存能力。当你想要训斥孩子时，请先想一想自己的长期目标是什么，这样也许就不会盲目地用愤怒的斥责来解决问题了。**

摇摇 晃晃

快停下来！

不可以这样！

对不起！

摇摇
晃晃
这是架子，不可以爬上去的，下来吧
请慢点下来哟
嗯，我知道啦！

总 结

化斥责为传达！

发脾气前先思考一下长期目标。

沟通小技巧

孩子做了不该做的事！
“此时应该怎么办？”

勺子掉在地上了

➡ “这是勺子，不可以扔在地上的，快捡起来放在桌子上。”

把绘本撕破了

➡ “绘本是用来读的，不是用来撕的，快把它贴好收起来吧。”

乱动父母的东西

➡ “这是爸爸的东西，快还给他。”

往别人身上扔玩具

➡ （立即制止）“不可以扔玩具，去把它捡回来。”

在不能跑的地方乱跑

➡ “不要跑，好好走路，这里很危险的，不能乱跑哦。”

情境 想表扬孩子或鼓励孩子

NG

“好厉害！好棒！”
“太棒了！小 ×× 简直是天才，爸爸妈妈太喜欢你了！”

OK

“小 ×× 画了画呀，画得真好！”
“坚持画完了，真的很不错！我都看到了。”

化溢美之词为认可

当孩子有所成就时，很多人只会用“真厉害”来夸奖孩子。**给孩子戴高帽或者极力称赞，其实都是没必要的，唯一需要做的就是化“称赞”为“认可”。并且认可的重点应该聚焦到孩子所做的努力、所采取的正确行为，以及孩子做成这件事的过程上。**

有研究结果表明，常被称赞“真聪明”“真是好孩子”，或者在人格、才能和成果方面受到表扬的孩子，与那些在行为、努力程度以及过程中受到表扬的孩子相比，两者对失败的处理方式截然不同。

那些在人格、才能和成果方面受到表扬的孩子在遭遇挫折时，也会倾向于将失败归因于自己的人格缺陷和才能不足，从而坚定地认为“即使努力也做不到”。相比之下，那些在行为、努力程度和过程中受到表扬的孩子则会认为“这次是方法不对”“下次那样做一定会更好”，这些孩子对努力的价值有更为深刻且灵活的认识。因此，对于孩子的成就，最好不要盲目地用溢美之词夸赞，而是应该就事论事，认可孩子的努力就好。

妈妈快看！

好厉害啊！真棒！

真是个有天赋的孩子

妈妈快看！

××画了画呀，画得真好！

能坚持画完真的很不错！

我都看到啦！

总结

把焦点放在行动、努力程度和过程中。

就事论事，认可孩子的努力即可。

沟通小技巧

想表扬孩子！
“此时应该怎么办？”

孩子把自己的作品给你看时

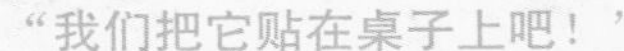

“我们把它贴在桌子上吧！”
“红色、黄色、黑色，好多颜色啊！”
“你画的时候爸爸都看到了，这个头发画得真像！”

孩子吃饭时表现得好的时候

“宝贝细嚼慢咽了呢。”
“把盘子里的饭菜都吃得干干净净了呢，蔬菜和鱼都吃了呀！”

孩子付出努力了之后

“宝贝练习了这么久，辛苦啦！”
“刚才跑步的姿势很不错哦！”

在家人和亲戚朋友面前表现得很好时

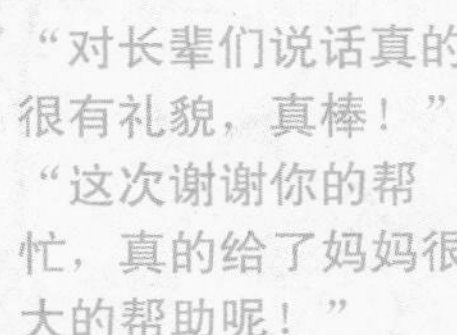

“对长辈们说话真的很有礼貌，真棒！”
“这次谢谢你的帮忙，真的给了妈妈很大的帮助呢！”

第一次在某件事上获得成功时

“哇！自己就把衣服换好了呀！”
“真棒！会骑自行车了呢！看来是之前的努力练习有所成效了呀。”
“刚刚写了个‘い’㊀呢，是××自己写的呀！”

㊀ 日文的平假名。——译者注

专栏 这时应该怎么办？5

技能的学习

这种情况 常有！常有！

- 不能善始善终，大人为此十分生气。
- 孩子没什么干劲，不知道该怎么办。
- 由于练习进展不顺，或者因为嫌麻烦而想要放弃。

技能的学习能将孩子的兴趣爱好转化为意志力

当孩子表现出对某件事的兴趣时，就是让孩子开始学习这项技能的最佳时机。但是，在学习的过程中，孩子时不时就会表现出“不想去”的畏难情绪。**遇到这种情况，首先要确认孩子的睡眠、食欲和身体状况等方面是否正常**。如果一切正常的话，大人可以试着用积极欢快的语气多次询问孩子：“今天上课会学些什么呀？”如果孩子仍然抗拒，也不必强求，适当地给孩子放放假也不是不可以。

当孩子对练习（练琴、练舞等）感到厌倦，想要放弃时，也可以采取同样的措施。**孩子的坚持并不是来自大人的逼迫，而是在顺应兴趣的基础上形成的意志力**。如果孩子一直这么抗拒下去，最终只会一无所获。所以，当孩子对练习感到厌烦时，你可以趁机问一句：“××，当初是为什么想要学这个呀？”引发孩子对初衷的重新思考，让孩子把学习技能当作自己的事来做。

另外，如果孩子显露出想要放弃的想法，不妨问问原因是什么，然后给他几个选项，比如，这次不去的话就××月再去，去××次之后就不学了，或者是从现在开始再也不学了，你看哪种更好？

专栏
这时应该怎么办？
6

怀孕与性

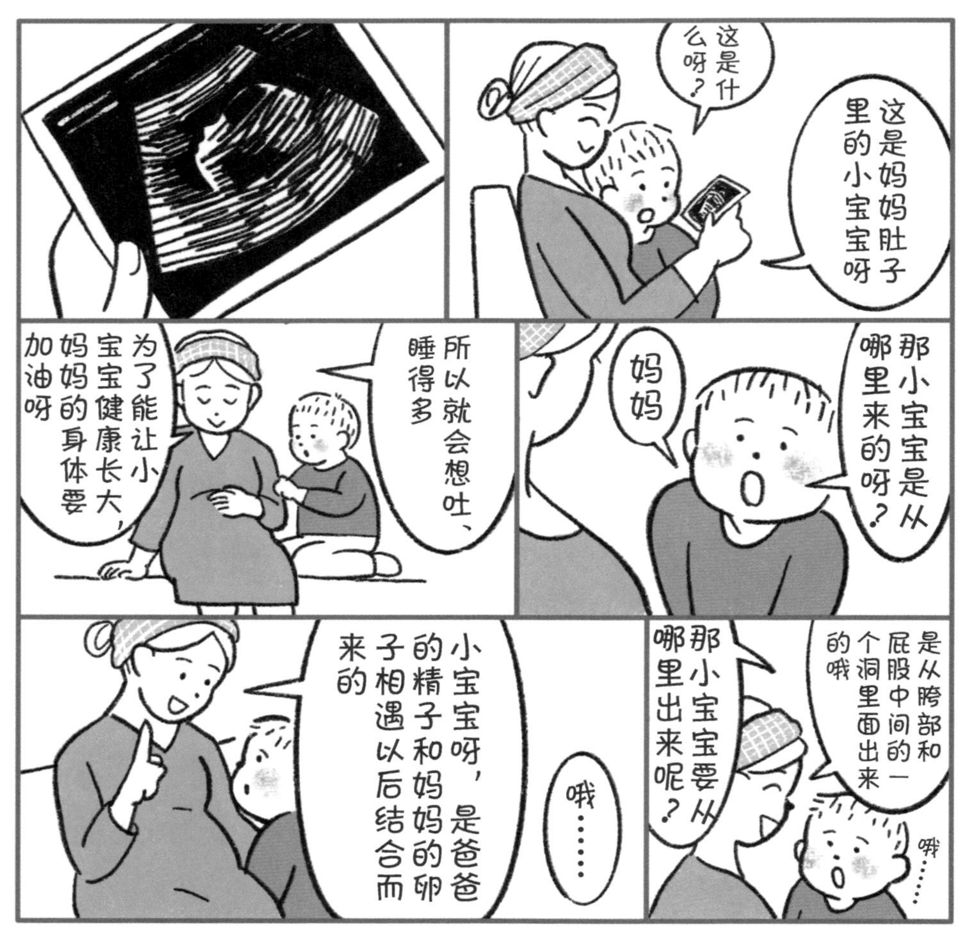

这种情况 常有！常有！

- 怀着二胎的时候被孩子问道：“小宝宝是从哪儿来的呀？”
- 对生殖器官和生理知识产生兴趣，不断追问“为什么”。
- 父母不知道从何时开始给孩子讲性知识。

和孩子讨论性的最佳时机，就是孩子提问的时候

怀上二胎以后，最好尽快把这件事告诉孩子。孩子能敏锐地察觉到母亲的变化。因此，可以把B超的照片拿给孩子看，然后和孩子说“妈妈现在肚子里有个小宝宝了哦”等诸如此类的话。在因孕吐和其他妊娠反应而出现身体不适时，妈妈可以向孩子解释：“为了能让小宝宝健康长大，妈妈的身体要加油呀，所以妈妈才会总是想吐、想睡觉。”

此外，还可以结合胎儿的成长，使用绘本等视听材料跟孩子讲解“妈妈肚子里的小宝宝就是这样的哦”。

在此基础上，当孩子问及“小宝宝会从哪里出来”“小宝宝是从哪里来的”这种与性相关的问题时，大人也不应该避讳隐瞒，而是应该坦率地告诉孩子真相，比如，“是从胯部和屁股中间的一个洞里面出来的哦”“还有剖宫产，在专业的手术室中，把肚皮划开，然后把小宝宝抱出来”“受精卵是爸爸的精子和妈妈的卵子相遇以后结合而来的”。和孩子一起洗澡时，如果孩子问到了与生理相关的问题，也应当如实回答。**毕竟，求知欲最旺盛的时刻，就是教育的最佳时机**。

专栏
这时应该怎么办？
7

自轻自贱

这种情况 常有！常有！

- “我真的特别讨人厌吧”“反正我就是个笨蛋”。
- 总是在言语中透露出自己缺乏自信。
- 想要被安慰、被倾听。

孩子缺乏自信时，请用言语表达出对孩子的爱

当孩子说出“反正我就是个笨蛋”等自轻自贱的话时，大人需要做的首先是对孩子的话表示否定，即“爸爸妈妈可不这么认为”，然后对孩子说“不论怎样我们都会永远爱你”“你是最珍贵的”等，**把对孩子的爱用语言表达出来**。即便孩子并不真的认为自己就是那样，也可能只是因为哪里得不到满足，或者因他人的闲言碎语而丧失自信。这种情况下，**大人就应该边安慰边抱紧孩子，同时用手轻抚孩子的后背**。

当孩子因缺乏自信而说出“我就是不行”“我就是做不到”时，大人可以安慰他们“有做不到的事也不要紧”“你看妈妈我，虽然很擅长做饭，但是一打扫卫生就头疼”“×× 可能确实不擅长跑步，但我们画画得好呀”等，**拿自己举例，告诉孩子每个人都会有自己擅长和不擅长的事情，再进一步开导孩子，“做不到也没关系”**。

为了让孩子学会接纳自己、爱自己，**我们需要用语言告诉孩子，他们值得无条件的爱**。

专栏
这时应该怎么办？
8

倒打一耙，或顶嘴

这种情况

常有！常有！

- 孩子被指出错误时，一口咬定“自己没错”。
- 总是问东答西地顶嘴。
- 装作没听见，进入叛逆期。

不再单方面地命令孩子，分步骤提出建议和请求

遇到上述情况时，可以尝试着把提醒方式转化为“提议和请求”，这是一种尊重孩子的沟通方式。如果这样做了之后，孩子依然充耳不闻，或者再次提醒后孩子依旧爱答不理，反复强调后孩子仍然固执地反抗……那就可以按照下列四个步骤依次采取措施。

①**首先是用提议与请求代替单方面的命令**。“现在是不是该洗澡了呀，要不要去洗呀？”如果孩子装作没听见，则采取下一步措施。

②**确认孩子是否专注于眼前的事，在进入孩子视线范围的同时对他说：**“××，抱歉在你玩的时候打扰你啦！打断你一下可以吗？我们该去洗澡了哦！”这时孩子可能会敷衍地回答一句“哦”。

③**提供选项，让孩子自己决定**。试着问问孩子“现在这个玩完了以后我们就去洗澡吧”或者“时钟的长针是指到2还是指到3的时候我们就不玩了呢”，如果孩子回答“两个都不要”或“还不能去洗澡”时，进入第四步。

④**告诉孩子等待的时限，最后一次陈述理由并提出请求**。“这会儿不跟我一起洗，过会儿就得你自己洗了，所以还是把玩具收起来吧，拜托啦！”说到这里你的愤怒可能已经达到爆发的边缘了，**但如果在此刻发脾气的话，只会遭到孩子更为激烈的反抗，所以还是尽量以稳定的情绪完成这一系列的沟通**。

看到孩子熟睡的脸时，总会为自己白天说的话而感到后悔不已

不是不能理解孩子，就是控制不住自己

怎么说都不听该怎么办？

一不小心就大嗓门，压迫感十足！

用孩子能理解的方式与他们沟通

一天结束了，孩子和大人
都进入了疲惫状态的

晚上

幼儿园的生活、休息日的外出，

都使孩子和大人在晚上陷入了极度的疲惫。

此时可能会困倦，会饥饿，也许还会莫名暴躁。

接下来的情境都将围绕着疲惫和易怒的夜晚展开。

情境

因为嚷着还想看电视或动画片而闹别扭

NG

“别闹了！都说了不能再看了！”

OK

“我们是不是已经约定好了今天就看到这里呀？所以不要看了哦。”

再次向孩子确认约定好的看电视时限

对于意志力还没发育完全的幼儿来说，“停下来”是异常困难的。

而且人生来就会被运动着的事物所吸引，所以幼儿的注意力会被画面不断变化着的电视和动画片牢牢抓住。不仅如此，孩子看起来十分专注，其实也是因为其意志力发育不完善，所以其注意力难以轻易地转移，才会看得入神。

因此，大人需要和孩子商量并规定看电视的时间，一旦孩子超出了这个时间，大人就得再次提醒孩子之前的约定是什么。要注意用肯定句来提醒孩子，比如“该结束了哦”“把电视关掉吧”“今天看平板电脑的时间已经到了哦”等。

如果这样还是不能让孩子从“专注”中脱离出来，我猜很多人肯定会控制不住情绪，厉声命令孩子“赶紧停下”。这时，最好的办法是将刚才的口头约定付诸行动。比如直接把遥控器拿过来关掉电视、切断电脑电源或者直接把平板电脑拿走。**简而言之，就是无须沟通直接行动**。

在采取这一措施时需要注意一点，**那就是采取行动前要告知孩子**。比如，“已经到时间了，我要把平板电脑拿走了哦”“爸爸要把电视关掉了哦”。虽说之前和孩子有过约定，**但是贸然行动的话，可能会让孩子的情绪更难以平复。而且，事前告知也是对孩子的一种尊重**。

OFF
我还想再看看！！
别闹了！
都说了不能再看了！

长针指到6的时候我们就不看了，好不好？
嗯……
我们刚刚约好了哦，时间现在已经到了，我们把电视关掉吧
好吧

总结

对幼儿来说，『停下来』是很困难的。

和孩子确认刚才的约定。

烦恼咨询室 8

为什么应该让孩子“自己做”？

（孩子 2 岁）

孩子的自我意识从一岁半左右开始萌芽，因此总会跟大人说“我要自己做”。这个时期的孩子往往干劲十足，是积累各种生活经验的最佳时期。但与此同时，由于能力不足，孩子也会经常遭到失败的打击。每到这时，大人总会忍不住去帮孩子一把。但是，也正因为孩子能力不足，所以想把事做好的意愿就更为强烈，兴趣和求知欲也就更为旺盛。并且，此时孩子的“成功”经验还有利于培养自信心和自我肯定感。所以，在时间充裕的时候，不妨放任孩子自己去尝试，出错了也不要指责，尽可能地对孩子所做的努力表示认可。当然，即便在时间不充裕的时候，也应尽量配合孩子，如果实在不能等下去了，一定要和孩子商量，“对不起啊，时间实在是不够了，我来帮帮你吧”，帮忙的过程中也要时刻和孩子保持沟通，比如，询问孩子：“这样做可以吗？”

情境 孩子不听话时，忍不住想威胁孩子

NG

“你要是不听话的话，我就不管你了！”

OK

“已经到回家的时间了哦，我们快回去吧。拜托啦！”

威胁有百害而无一利，请求和提议才更可取

孩子不听话时，大人也许会忍不住想威胁孩子以迫使他们妥协。但是，**威胁是有百害而无一利的，此时要做的应该是具体地和孩子说明并重复你想让他们做什么**。此外，若是使用单方面的命令或是高高在上的语气，孩子也很难听进去，所以在沟通的过程中，除了具体性的传达，**还要注意转换成“请求和提议”的语气**。

威胁的目的是让孩子按指令做事，所以在时间紧迫的时候，大人总是倾向于用这种方式催促孩子。但是，孩子在威胁下做出的行为并非出于本意，那么这一“成功经验”只属于大人，从而使得威胁行为不断地被强化。这样一来，大人一方面觉得自己不该那样做，另一方面对孩子的忍耐度越来越低，由此陷入纠结的痛苦中，最终导致自己威胁孩子的门槛越来越低。

从孩子的角度来看，这种做法的危害也是显而易见的。首先，**威胁无法培养孩子的“自主思考能力和行动力”**。因受到威胁而恐惧，孩子只能被迫去做某件事，从而失去了理解“为什么要做”这件事的本质原因的机会。不仅如此，孩子还会因此而误以为“与人交流的过程中威胁他人是可取的”，**导致孩子在和同伴交往时也会产生威胁对方的倾向**。因此，在忍耐的前提下，大人首先要做到的还是以肯定性的提议或请求的方式与孩子反复沟通。

欸？
该回去了哦！
不听话的话我就不管你了哦
等等我！
不要啊！

该回去了哦！
欸？
到回家的时间了，我们一块回去吧！
拜托啦！
回家以后我们一起做咖喱饭吧！
嗯！

总 结

尽可能让孩子理解做某件事的本质。

用肯定、积极的语气提出建议和请求。

烦恼咨询室 9

总是烦躁不安！对产后的自己毫无自信。

（两个孩子，一个 2 岁，一个 3 个月大）

母亲在产后需要保护新生儿，所以此时人类的防御本能会被唤醒。在照顾二宝的过程中，时不时需要母亲关注的大宝，甚至是丈夫的出现，都会让母亲感到碍手碍脚。但这并不意味着有谁做错了什么，只是“这一时期”比较特殊罢了，抱着这样理解的心态也许就会轻松很多。此外，这一阶段的母亲可能还会因长时间的睡眠不足、哺乳和怀抱婴儿而更容易给身体造成负担。身体不适加上长期的神经紧绷，会造成意志力的透支，使得母亲更加易怒。所以，产后的母亲有必要意识到自己正处于这样一个特殊的阶段，当然，周围人的支持和理解也很重要。不管怎么说，作为一名孕育出了珍贵的生命并付出全部心血养育和守护他的伟大母亲，首先要做的应该是认可自己。肯定自己每天的辛勤付出！

情境

被老师告知孩子在幼儿园犯错了

NG

（对孩子说）“你们老师都跟我说了，你在幼儿园不听话。”

OK

“今天过得开心吗？”

只是做孩子的倾听者也没关系

当被老师告知自己的孩子在幼儿园里时常走神、有小动作时，大人也许会纠结，“要不要直接告诉孩子让他改正呢？”其实，只要老师没有专门提出“回家以后和孩子好好说说”，**在家的时候不和孩子说这件事也没关系**。

应对和改进的最好办法应该是实现幼儿园和家庭的信息共享，**也就是要多去倾听孩子在幼儿园的见闻，了解孩子有没有什么开心的事，每天过得怎么样等，留意孩子的想法和行为**。因此，遇到上述情况时，只需要像往常一样，问问孩子“今天过得开心吗”“做了什么开心的事呀”等，引导孩子打开话匣子。

总结

- **如非必要，在家里可以不向孩子专门提及此事。**
- **留意孩子的想法和行为。**

和家人朋友说话时态度恶劣

NG

"你怎么说话的？"

"不能那样说话！"

OK

"这样说话我听了会难过的，好好地说'这样吧''不要那样吧'，好吗？"

从“不可以那样说”转变为“应该这样说”

当孩子语气强硬、态度恶劣，甚至用词粗鄙时，最好的办法不是以否定的态度指责孩子，**而是用肯定的语气告诉孩子正确的做法是什么样的**。

像是“这种话不可以说的”“这样说话很讨人嫌的”这种否定式的指责，会让孩子感到不知所措。所以，当孩子说了不恰当的话时，大人不应该直接对他们说“别这样说”，**而是应该告诉孩子在这种场合下恰当的措辞是什么**。

此外，蒙氏教育还提倡一种角色扮演类的互动，你可以对孩子说：“我现在是你的某个好朋友，你应该怎么跟我说话呀？”**这种寓教于乐的练习方法也值得一试**。

总结

- 具体地和孩子说明怎么说才是对的。
- 建议用亲子角色扮演游戏的方式来练习。

情境 孩子对事物的认知有误

NG

“你说错了哦！才不是那样的！”

OK

（在孩子察觉到错误之前一直注视着他）（孩子仍然察觉不到并坚持自己的想法时）“再好好看看呢？怎么样？”

能自己察觉到错误，就离获得成功体验又近了一步

按照蒙氏教育的观点，孩子自己察觉到错误并进行自我改正的过程，是非常难能可贵的。**正是因为这种自我察觉和改正，才让孩子有所收获，并让孩子用自己的力量积累属于自己的“成功”体验，而不是仅止于错误造成的“失败”**。

因此，**应当尽量避免直接在孩子面前指出“这样是错的哦”**。另外，在孩子意识到错误之前，先忍耐一下，向孩子再次确认“是这样吗”，不要急着告诉孩子正确答案。不过，即便在孩子自己察觉到之前一直注视着他，他可能还是会坚持错误的想法。这时，我们还是要相信孩子可以“察觉”，并循循善诱，通过为孩子创造察觉的契机，间接地将正确答案传达给孩子。

总结

- 在孩子自己察觉到之前耐心等待。
- 循循善诱，为孩子创造察觉的契机。

情境

我行我素，总是待着不动

NG

“别发呆了！”

OK

“已经到了该睡觉的时间啦，快去刷牙！”

要有意识地对孩子提供具体的指导

孩子也和我们大人一样，**有自己的节奏和个性**。有的孩子做事麻利，有的孩子不疾不徐。对那些做事不紧不慢的孩子，我们还是按之前的做法来应对，比如，孩子吃饭总是慢吞吞的，你就告诉孩子："小嘴巴要动起来，用牙齿嚼着吃哦。"**用尽可能具体的表述告诉孩子你想让他怎么做**。

另外，当孩子坐在你身边发呆时，还可以换一个思路去处理，那就是你和孩子一起发呆。在这个过程中，可以试着向孩子表达当下的任何感觉，比如，"时钟滴滴答答的声音听得好清楚呢"，从而理解孩子的心情，拉近和孩子的心理距离。

总结

- 具体地告诉孩子你想让他怎么做。
- 偶尔和孩子一起发发呆吧。

情境 把玩具弄得乱七八糟，不愿意收拾

NG

"好好给我收拾收拾！"

OK

"这个玩具怎么跑到这儿来了，把它捡起来，好吗？"

"从哪里开始收拾比较好呢？"

具体的提议和请求更容易被孩子听进去

在这种情况下，仍然要使用尽可能具体的表述向孩子传达你的要求。如果还能加上提议和请求的语气，就更容易被孩子听进去。

当然，**如果能给孩子提供选项，比如**，“从哪里开始收拾呢”“妈妈来帮你一起收拾吧，还是说你自己就能搞定呢”，**让孩子自己做决定，也是不错的方法**。

如果这样做了之后，孩子还是不愿意收拾的话，**就边开始收拾边告诉孩子：“妈妈要来收拾这个了哦，你要收拾哪个呢？”这种帮助孩子的做法也是可以的**。如果你已经说了要开始收拾，孩子还是坚持说“我一会儿再来收拾”的话，就可以直接问他“一会儿是什么时候”，**要求孩子决定具体的时间**。

总结

- 用提议和请求的沟通方式让孩子收拾东西。
- 要求孩子确定收拾东西的具体时间。

掏鼻孔、咬指甲

“脏死了！快别掏（咬）了！”

OK

“用纸巾擦擦鼻子吧？”

“××，把手伸出来我看看！”

不要过度提醒孩子改正无意识的动作

孩子有时候会通过一些无意识的动作获得安全感，所以大人没必要过度提醒孩子改掉这些小动作，**只需时常留意一下即可**。

不过，为了能让这些小动作自然而然地消失，大人还是应该告诉孩子正确的处理方法，比如“用纸巾擦擦鼻子吧”。**或者通过让孩子做其他动作来阻断那些无意识行为**，比如“××，把手伸出来我看看”等。

如果你始终担心“改不了怎么办”，并且已经提醒过孩子多次，仍无改善，不如放平心态，**给孩子时间让他慢慢降低动作的频率**，同时想办法创造机会让孩子的双手“忙碌”起来。

总结

- 想办法让孩子的小动作自然而然地消失。
- 多创造些使孩子双手“忙碌”起来的机会。

故意做大人不让做的事

NG

“为什么要故意乱敲呢？我说的话听不进去，是吧？”

OK

“不要这样哦，想让我看的话，就对我说‘来看吧’就可以了。”

和孩子明确“可以做”与“不可以做”的界限

明明已经阻止了，孩子却不听劝，甚至变本加厉——这种情况的确令人头疼。所以，**这时最好的处理方法应该是明确地告诉孩子“这样做是不行的”，为孩子划清好与坏的界限，然后具体地、多次地告诉孩子你希望他怎么做。**

但是，如果孩子感到困倦、饥饿，会使本就还没发育完全的意志力也被消耗殆尽。这时孩子可能就会陷入无法自控的状态。这种情况下不要和孩子正面对峙，**也不要对孩子当下的行为过度反应，而是轻松地跟孩子说“嘿！我们一块去洗澡吧”，或者“我们去爸爸那儿等等吧”等，试着改变沟通方式来切换当下的氛围。**

总结

- 具体明确地为孩子划分好与坏的界限。
- 没必要过度反应，切换一下氛围也不错。

情境 看不惯孩子吃饭的习惯和拿筷子的方式

NG

“别把胳膊肘支在桌子上！不是跟你说了饭碗要端好吗？”

OK

“来，看着我。（大人做出示范）要像我这样吃饭哦。”

不要抽象的指令，要提供尽可能具体的指导

当孩子的吃饭习惯和拿筷子的方式有问题时，还是一如之前所说的，要将“好好吃饭”“好好拿筷子”**这种直接指责孩子且抽象的指令转化为肯定且具体的指导**。比如，“筷子要像这样拿才对哦”，**这种可视化的指导更容易让孩子理解**。

此外，大人也应该在吃饭习惯、坐姿、拿筷子的方式等方面以身作则，**毕竟一个好的榜样对孩子的教育作用才是最有效的**。

总结

- **采取肯定而具体的沟通方式。**
- **大人应当以身作则。**

情境 沉迷玩耍，不理会大人

NG

“喂！你在听我说话吗？”

OK

“××，抱歉哦，在你看绘本的时候打扰你，稍微打断一下，可以吗？”

孩子全神贯注时，尽量换个时机和孩子交谈

有时候不管怎么叫孩子都不答应，大人应当意识到的是，此时孩子并没有做好听你说话的准备。当孩子专注于某件事的时候，就说明他没有进入听人说话、与人交谈的状态。因此，不论你对孩子说什么、怎么说，他都很难接收到。

当孩子沉浸于玩耍和其他活动时，若不是现在非说不可的事，不如等之后再谈。孩子在专注地“工作”时，能充分地体会到满足感和成就感。如果事情能做成，还有利于培养孩子的自我认同感和自信心。因此，我们应当帮助孩子尽可能地保持这种状态。不过，在重视能动性活动的幼儿期，如果孩子沉迷于看电视的话，是可以打断的。

专注状态下的沟通，**应该先用过渡性的问候给孩子留一些缓冲的空间**，比如“××，现在有空说几句话吗”等，引入正题前先寒暄一下。这样一来，就能帮助孩子转移注意力，过渡到准备好听别人说话的状态中来。

如果这种过渡性的问候也被孩子直接忽略了，就直接走过去，进入孩子的视线范围，触碰一下孩子的身体，再说几句寒暄的话，效果会更好。

……
××
……
你在听我说话吗？
我在叫你你呢！

××
……
孩子这会儿全神贯注着呢，一会再说吧
××，不好意思哦，在你看绘本的时候打扰你，稍微打断一下，可以吗？
嗯！好的！

总结

孩子全神贯注时，尽量不去打扰。

先用过渡性的寒暄创造一些缓冲的空间。

烦恼咨询室
10

怎么记也记不住。

（一个孩子 5 岁，另一个 1 岁）

在处理和孩子相关的事情时，我们可能总是想把“要倾听孩子、要认可孩子”等这些具体的事情“牢牢记住”。虽然这些很重要，但是反过来看，也许试着去记住那些“不要做的事”就会轻松很多。

比如在蒙氏教育中，有“不要训斥，要传达”“不过多干涉，要默默地守候”等诸如此类的理念。大人在提醒自己记住“要学会传达”“要默默守候”的同时，试着把“不要”也说出来，比如“不要只是情绪化地对孩子吼叫”。通过意识到“不要”，你将更加明确自己在应对不同情况时应该做什么。

情境

被孩子问了一个难以回答的问题

NG

（为什么 ×× 长得胖呢）

“嗯……让我想想……”

“欸……”

OK

“爸爸也不知道为什么会这样，大概就像是这世界上有个子高的人，就会有个子矮的人一样，正因有长得胖的人，才会有长得瘦的人吧。”

在孩子面前应当尽可能地坦诚

当被孩子问及一些答不上来的问题时，大人有时会忍不住说谎，或者想要含糊其词地蒙混过关。其实，不论你对这个问题了解多少，**此时最好的应对方法还是尽可能诚实地回答**。

在日常生活中，孩子的脑袋瓜里总会装着各种各样的问题。**有了疑问，孩子就会从大人那里寻求答案，以此构建自己的知识体系，逐渐了解并适应自己所处的环境**。所以，当孩子提出问题时，最好不要转移话题，大人应该将自己所知道的一五一十地告诉孩子。

在这一过程中，**孩子会形成一套自己的价值观、看待事物的方式，以及对多样性和他人的认可，并逐渐了解这个社会的规则**。如果一时半会儿回答不了孩子的问题，也可以先对孩子说“我们一会儿回去再说”，把问题保留下来，等回家后再和孩子好好讨论。

另外，如果孩子提出了可能会令他人难堪，甚至是失礼的问题，比如“这个人为什么这么胖呀”，在回答孩子时，一定要告诉孩子“这个问题××听到会很难过的，所以以后再有这种问题，记得一定要在家里问哦”，让孩子知道尊重和体谅他人的重要性。

为什么××奶奶这么胖呀？
啊!?
这个嘛……确实……怎么说呢……
嗯……
快看！
那里有吊车！
我们去看看吧！

为什么××奶奶这么胖呀？
啊!?
爸爸也不知道为什么会这样
不过我觉得，大概就像这世界上有个子高的人，就会有个子矮的人一样
正因有长得胖的人，才会有长得瘦的人吧
哦！这样啊！

总结

- 回答不上来的时候，可以暂时保留问题。
- 要让孩子知道尊重和体谅他人的重要性。

烦恼咨询室 11

父母是不是不能当着孩子的面吵架？

（孩子 3 岁）

在孩子的养育问题上，令人头疼的不仅是育儿问题本身，还有夫妻之间无尽的分歧。父母在孩子面前争吵不一定会给孩子带来不良的影响，不过，如果是痛骂对方，或者争吵时伴随着言语暴力和肢体暴力，这不仅不能被孩子看到，还应该尽早改变这种习惯。

父母在孩子面前争论事情的时候，应该以彼此"交换意见"为基础，进行"有建设性的商议"。这种商议绝不应该是互相指责，而是应该站在对方的角度，理解对方的困难，并相应地提出解决方案。这样一来，孩子不仅能在旁观的过程中学会如何表达自己的意见，并学会站在对方的立场上考虑，还能逐渐掌握解决问题的方法和与他人沟通的技巧。

专栏
这时应该怎么办？
9

说谎

这种情况 常有！常有！

- 明明没有做，却说自己做了。
- 把没有的事说得跟真的一样。
- 总在担心“现在就会撒小谎，以后撒大谎怎么办？”。

避免简单粗暴的质疑，尝试用理解化解谎言

我不想让我的孩子变成一个爱说谎的小孩，现在就会撒小谎了，长大以后还了得？必须悬崖勒马，赶紧纠正！——相信很多人在遇到孩子撒谎时都是这样想的。首先，如果你不清楚孩子究竟有没有撒谎，**就应该避免直接去试探孩子说**：“你是不是说谎了？”而是应该先顺着她的话说下去“这样啊，我知道了”。

如果孩子明显说了谎，就应该在说完“知道啦，你已经洗过手了”的基础上，再加上一句“但是呢，妈妈其实知道你根本没有洗哦。妈妈还是希望你在饭前洗洗手哦。走！我们一起去洗吧”，**这样说是为了告诉孩子你已经知道他在说谎了，并且督促孩子继续完成这件事**。

当你无法确定孩子是否在说谎，但总觉得他有所隐瞒时，就可以试着引导孩子说出真相，比如，“爸爸不知道事情究竟是什么样的，所以有一点点苦恼”“你如果知道的话，告诉爸爸，好吗”等，**为孩子创造一个放心说真话的沟通氛围**。

最后，当孩子讲出真话后，不要指责也不要生气，而是要心平气和地对孩子说一句：“谢谢你愿意告诉我。”与此同时，最好再加上一句：“以后也不要对我说谎或者有所隐瞒了，好吗？”与孩子约定好以后应该怎么做。

专栏
这时应该怎么办？
10

兄弟姐妹间的争吵

这种情况 常有！常有！

- 自己不在场时，有一方跑来打小报告。
- 大人不知道当时的情况，所以难以协调矛盾。
- 大一点的孩子往往会被要求让着弟弟妹妹。

平等地听取各方意见，为解决问题积极提议

当兄弟姐妹间发生争执时，不论孩子的年龄、立场如何，父母首先要做的是弄清楚状况。尤其是不能以“你是哥哥，应该让着妹妹”的口吻让大一些的孩子学着忍让，**而是要根据实际情况做出公平的判断**。

但是，很多情况都是大人不在场，并没看到事发时的现场状况如何，其中一个孩子就突然哭着跑过来打小报告。大人这时难免会有些摸不着头脑，也不知道该怎么和孩子沟通。所以不妨坦率地告诉孩子自己也不知道是什么情况，比如“妈妈刚才在做饭，所以不知道发生了什么”，然后试着问问孩子究竟发生了什么。**如果询问的结果是孩子们各执一词，就试着去倾听每个孩子的意见，并且给予积极的反馈**，比如“××（发生的事）的确让人生气呢”。**再在此基础上试着提出解决办法，“那要不，我们这样做好不好？”也许能取得更好的协调效果**。

有的时候，其中一个孩子会跑来直接告状说：“×× 是大坏蛋！”这时最好的办法是要听孩子们讲述事情的原委，然后以“这样啊，原来是你的玩具先被妹妹抢走了”这种类似于“鹦鹉学舌”的方式重复一遍孩子说的话，以表示你对孩子的理解。

孩子可以通过正确处理矛盾的经验积累，促进自身社会性的发展。因此，**当矛盾出现时，不要过于回避它，而是要将其视为一次一家人轻松愉快地探讨家庭内部相处规则的契机，同时，大人应始终记着要以公平的姿态，根据具体情况，协调每一次矛盾**。

专栏

这时应该怎么办？

11

怎么说都不听

这种情况 常有！常有！

- 昨天能做到的事今天就做不到了。
- 同样的事说了一遍又一遍，心里的无名怒火难以抑制。
- 忍不住对孩子说：“要说多少遍你才能明白？”

面对尚处于生长发育期的孩子，还是多一些耐心，反复沟通几次吧

处于自我构建期的孩子正在学习适应环境、了解社会规则。因此，大人的多次重复对孩子而言是不可或缺的一种成长经历。虽然大人有时会忍不住责问孩子："到底说多少遍你才能明白？"但是就算要重复一百遍，大人也得把该做的事具体地告诉孩子。

重点依然是不要用命令的口吻，而要用"提议与请求"的语气；不要用抽象化的表达，而要用具体的表述。有时你可能希望自己说了孩子马上就能改，**但是同时也应该意识到孩子的自控力、意志力和执行能力等尚处于发育阶段，所以有必要根据孩子实际的发展阶段调整自己的期待值**。

此外，你还需要告诉孩子"为什么不能这样做""为什么要这样做""为什么我想让你这样做"，等等，让孩子了解其中的缘由。大人尚且会在做事之前问一句为什么，更不要说孩子了。毕竟只有自己想通了，内心愿意接受了，才能心甘情愿地采取行动。因此，在向孩子说明缘由时，一定要用通俗易懂的表达方式让孩子更容易理解。如果之前就已经向孩子说明了缘由，并且在孩子也已经理解的情况下，可以试着反问孩子："你觉得为什么不能这么做呀？"给孩子一些思考的时间。**在这样的阶段，父母即使殚精竭虑，也不能在培养孩子的适应能力、"独立与自律"以及生存能力等方面松懈**。

专栏
这时应该怎么办?
12

忙得没时间理会孩子

这种情况 常有!常有!

- 只要一忙,孩子就跑来让你听他说话。
- 孩子一旦知道你没空理他就会露出失望的表情。
- 总是习惯性地敷衍道:“等一会儿!”

可以偶尔有意识地创造一些听孩子讲话的机会

尽管很想好好回应孩子，但大人在因各种杂务忙得不可开交的时候，总是不得不用“等一会儿”“现在没法儿听你说”等说法让孩子等待，或者拒绝和孩子交谈。这时，**如果把对孩子的回应从“现在很忙没时间听你说”换成“虽然妈妈也想听你说话，但现在实在没法儿好好听，要不等妈妈做完饭再来听你说，好吗”，把“等一会儿”换成“妈妈现在要帮小宝宝换尿片，换好了就过去哦”，可能效果会更好**。另外，忙完后要和孩子说一句“谢谢你愿意等妈妈”或者“妈妈知道你一直在等哦”，**来表达对孩子的认可与感谢**。

还需要强调的一点是，在周末或节假日等空闲时间比较多的时候，一定要忍住那些无意间想要说出来的“一会儿再说”“等一会儿”等言语，而且要停下手中的活儿，坐在孩子身边认真地听他说话。如果家里有“二宝”，这时就一定要有意识地把大孩子的需求放在第一位。如果没有这个意识的话，可能就会像平时一样把“等一会儿”一直放在嘴边说个不停。为了避免这种情况出现，**最好是在一天刚开始的时候就向全家人“宣告”：“今天我决不说‘等一会儿’了！”从而帮助自己强化这种不随意敷衍、好好听孩子说话的意识**。

专栏
这时应该怎么办?
13

因对孩子过度严厉而感到内疚

这种情况 常有! 常有!

- 本是为孩子着想，有时言辞却太过严厉。
- 孩子不听话的时候，大人很容易生气。
- 每次话说重了之后，看着孩子熟睡的脸总是后悔不已。

将自己的内疚坦率地说出来

在读完本书之后，你可能会回想起之前训斥孩子的一些情境，感到了一些后悔："我是不是太凶了？"并且暗自下定决心"以后一定不会再这样训斥孩子了"。其实，在与孩子相处的过程中，大人不小心的情绪失控是很正常的事。当然，因过于忙碌而顾不上轻声细语地沟通，只能用训斥来解决问题的情况也是很常见的。

即便大人也不一定凡事都要做得十全十美，但必须承认的是，孩子的确会受到大人言行的影响。因此，**如果你因对孩子过度严厉而感到后悔，不妨坦率地将这种后悔向孩子表达出来**，比如"我不是真的想发脾气的，是不小心发了脾气，对不起啊。""我应该心平气和地说'我们这样做好吗'，不应该生气的。""刚才太忙了所以没有控制住情绪，对不起啊。""以后我一定不会再乱发脾气了，有事的话会跟你好好商量的。"……直截了当的沟通效果会更好。

这种良性互动可以让孩子学会换位思考，以及怎么对别人说"对不起"。与此同时，在这一过程中，孩子会逐渐理解大人也会犯错，并因此而学会犯错时应该怎样和对方沟通。

专栏

这时应该怎么办？

14

明明有事却不愿意说

这种情况

常有！常有！

- 孩子从幼儿园回来时看起来闷闷不乐。
- 感觉孩子明明有话想说但又说不出口。
- 硬让孩子说到底发生什么不开心的事了。

耐心地等待孩子倾诉的最佳时机

有时候我们会通过孩子的异常表现，感觉到孩子可能经历了一些令他不开心或者难过的事。当孩子不愿意主动倾诉时，可以带孩子去喝点好喝的、散散步、泡泡澡……**营造一种轻松的氛围，让孩子放松下来，自愿说出自己不开心的原因**。如果单刀直入地问“到底怎么了”，会让孩子感到措手不及，在紧张不安中更难主动表达。因此，**父母不妨从自身开始，讲讲自己的一天过得如何，从而营造一种可以轻松交谈的氛围**。

此外，当被问到“今天在托儿所过得怎么样啊”这种“开放式问题”时，孩子一时间难免无从开口。因此，**我们可以换一种问法，即用简单的“是”或“否”就可以回答的“封闭式问题”，比如，“今天在托儿所过得开不开心呀？”**如果即便如此仍然无法让孩子开口说话，也不要逼问孩子，而是耐心地等待孩子愿意倾诉的最佳时机。

还需要强调的一点是，**在和孩子交谈的过程中，要学会尊重孩子的节奏，不要连续不断地提问，而是应该你一言我一句地顺着孩子的话回应，抽丝剥茧般地帮孩子慢慢打开心结**。最后，别忘了对孩子说一句“你愿意告诉我这些真是太好了”……来对孩子的信任和坦诚表示感谢。

阅读完本书后的
重要实践环节！

掌握和孩子的沟通技巧

父母的专用

练习册

这本练习册主要用于实践本书中的技巧。
在这一过程中，你可能会产生“有点麻烦”“不写也罢”的想法，
但还是请你试一试。
毕竟只有真正用笔写下来，才能将自己与孩子的互动可视化，
从而感受到一种前所未有的豁然开朗。
但这不能变成一时的心血来潮，而是需要持之以恒的努力。

练习册的使用方法

 把自己的喜好都写下来吧！

写下自己心中“喜欢”的事物。

平时一直都和孩子待在一起，行动上难免受限。

所以在这里，不管喜欢什么都可以尽情地写下来！

在写下来的过程中增加一些实现的可能。

 和孩子有关的哪些事是你想做的？

平时生活中的各种小细节……

不论是暂且做不到的还是将来想做的，都可以！

“如果这样和孩子交流呢”“我想这样和孩子沟通”，等等，各种不经意间产生的想法，都可以毫无顾忌地写下来。

 用“Keep Problem Try”来做记录！

这是在职场中常用的 KPT 复盘法。

K 即 Keep（保持），回顾已经取得的成果，以便为状态的持续向好蓄能；

P 即 Problem（问题），对要解决的问题进行分析；

T 即 Try（尝试），接下来应该采取的行动。

通过 KPT 法对一整天进行复盘，从而更明确自己要做什么。

STEP 1

把自己的喜好都写下来吧！

想学的、想玩的，喜欢的一切都可以，尽情地写下来吧！

- ________
- ________
- ________
- ________
- ________
- ________
- ________
- ________
- ________

现在最想做的是这个！

____

为此应该做**哪些准备呢？**

- ________
- ________
- ________
- ________
- ________
- ________

绘画和文字都可以哦！把心中所想写下来就好。

实践后的**感想**

实践日　　　　月　　　　日（　　　）

比如这样做就可以！

STEP 1

把自己的喜好都写下来吧！

想学的、想玩的，喜欢的一切都可以，尽情地写下来吧！

- 读一本喜欢的书
- 一个人去一次美术馆
- 舒舒服服地泡个澡
- 摆放一些鲜花，装饰家里
- 喝一杯好喝的咖啡
- 和朋友聊聊天
-
-
-

读一本喜欢的书

为此应该做**哪些准备呢**？

- 休息日的午后，把孩子托付给丈夫
- 去找一家安静的咖啡厅
- 去把想读的那本书买下来
-
-
-

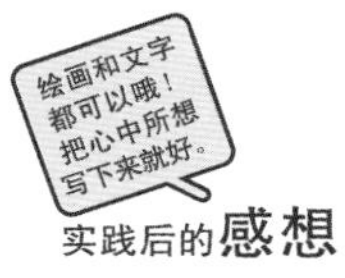

实践后的**感想**

实践日 4 月 10 日（周日）

- 把一直想看的书给看完了，感觉特别满足！
- 今天难得地休息了一会儿，突然感觉这种独处的时光真是奢侈啊。

STEP 2

把和孩子相关的、想提醒自己注意的事写下来吧！

除了把“尊重孩子的想法”等这种想做的事写下来，还有“不想发脾气”等提醒自己不要去做的事。

只写一条也行！

•	•
•	•
•	•
•	•
•	•

把和孩子相关的、想提醒自己注意的事写下来吧！

除了把“尊重孩子的想法”等这种想做的事写下来，还有“不想发脾气”等提醒自己不要去做的事。

只写一条也行！

比如像这样！

- 不要用否定语句
- 不要说“等一下”
-
-
-

-
-
-
-
-

STEP 3

有意识地用Keep Problem Try

做得好的事 要解决的问题 接下来的挑战

在一天结束之际，用“今天的Keep、Problem、Try”这三点分别复盘这一天。

比如像这样！

1 Day 3 /12

Keep 成功地、有意识地把沟通时的否定句改成肯定句了。

Problem 没忍住脱口而出说了句“别闹了”。

Try 在用否定句之前先试着告诉孩子“我希望你怎么做”。

2Day 3 / 13

Keep 今天对孩子说了“从那里下来”，告诉了孩子我希望他怎么做。

Problem 基本没有。

Try 继续保持。

3Day 3 / 14

Keep 今天上午有意识地用肯定句和孩子沟通了。

Problem 孩子累了一天发了几句牢骚，我没忍住脱口而出说了句“别闹了”。

Try 首先，从起床到送孩子去上幼儿园的这段时间内，做到用肯定句和孩子沟通吧！

一周的

做得好的事　要解决的问题　接下来的挑战

K P T

尝试写下来吧！

1 day　/

Keep

Problem

Try

2day /

Keep

Problem

Try

3day /

Keep

Problem

Try

4day /

Keep

Problem

Try

5day /

Keep

Problem

Try

6day /

Keep

Problem

Try

7day /

Keep

Problem

Try

与孩子沟通的技巧之

“这种情况下，应该怎么沟通呢？”

专题练习

也许你之前从未特别关注过自己和孩子说话的方式，

不过，在读完本书后应该有了些许改变。

把你在阅读时产生的思考都写下来吧。

虽然没有标准答案，但你可以写完以后对照参考答案看一看。

场景1
孩子在文艺会演上表现出众时
场景2
孩子未经允许随便拿了大人的钱包时

场景3
孩子把饭碗弄掉，汤洒了一地时
场景4
孩子在电车内大声说话时

场景5
无论怎么劝，孩子都不愿意回家时
场景6
你什么都没说，孩子就主动把东西收拾好了时

场景7 孩子因为害羞而不愿说话时

场景8 孩子告诉你他的朋友很讨厌他时

场景9
当你看不惯孩子在饭桌上不老实的样子时
场景10
一时没忍住对孩子发了脾气时

参考答案

沟通方法示例在这里！

“这种情况下，应该怎么沟通呢？”

孩子在文艺会演上表现出众时

真的很努力呀！

虽然观众席上有那么多人，但你的声音特别洪亮！

爸爸妈妈都看到你努力的样子啦。

我觉得××角色用这种方式演特别好，演得真的很棒！

场景2 孩子未经允许随便拿了大人的钱包时

妈妈的钱包不能拿出来哦，这个才是××的。

可以帮妈妈合上包包吗？

这是妈妈的钱包，是很重要的，要还给我哦。

这是爸爸的很贵重的钱包，我们把它放在这里好吗？

孩子把饭碗弄掉，汤洒了一地时

一会儿再给你盛一碗，没关系的。

是不是太烫了？没烫伤就好！我们一起把这儿擦擦，收拾收拾吧！

用抹布这样擦，看看是不是就干净了？（擦给孩子看）

汤洒了呀，用抹布擦擦吧。

孩子在电车内大声说话时

我们从现在开始做个游戏好不好？我们都把嘴闭上不说话，看谁坚持的时间长！

我们在车上看会儿绘本吧！哪一本比较好呢？

电车上人很多，我们用这种音量说话好不好呀？

无论怎么劝，孩子都不愿意回家时

啊对了！你看那儿有好多好看的花呀，我们一起去看看吧！（仅限于真的有花的情况）

那么接下来，让我们跳到自行车上吧！

再玩几轮我们就回家呢？

是不是还想玩啊？（停顿片刻）但是现在我们必须回家了呢。

场景6

你什么都没说，孩子就主动把东西收拾好了时

房间收拾得好干净呀，心情也跟着变好了呢！

你现在会自己想着去收拾屋子了呢！

哇！这都是××自己收拾的呢！

孩子因为害羞而不愿说话时

让爸爸来代替你回答，好不好？

是不是有点紧张呀？有点紧张啊，我理解的。

我们一起说出来，好不好？

孩子告诉你他的朋友很讨厌他时

你已经尽力了，没事的。

他说不喜欢你，你怎么回应他的呢？（通过询问展开对话）

谢谢你愿意告诉我这些。

他说他讨厌你吗？唉，这的确挺让人难过的。

当你看不惯孩子在饭桌上不老实的样子时

小屁股要贴着椅子坐着吃饭哦。

坐着的时候脚要放在脚踏上哦。

一时没忍住对孩子发了脾气时

明明可以不发脾气的，没控制住情绪，对不起啊。

对不起啊，我应该直接告诉你“这样做就好”的。

结束语

感谢各位读者读到了这里。不知道各位的“沟通方式转变”之旅如何？我们每天都在说话，因此我们往往会因司空见惯而不会对其进行深入的思考，久而久之，那些在不知不觉中形成的表达习惯总是会在无意识间脱口而出。

但是，通过阅读本书，你是不是感觉到自己有意识地去关注表达习惯的时间变多了？与此同时，你应该也开始对身边人的表达习惯有所关注了。言辞虽小，却不可小觑。英国的第一位女首相玛格丽特·撒切尔曾经说过：“注意你的思想，因为它将变成言辞；注意你的言辞，因为它将变成行动；注意你的行动，因为它将变成习惯；注意你的习惯，因为它将变成性格；注意你的性格，因为它将决定你的命运。”由此不难看出，一个人的“言辞”是可以随着思考方式的改变而改变的。

不过，即使是开始有意识地去关注自己的表达习惯，并且改变了一些沟通的方式，眼前自己孩子的种种行为，一时间却难以发生变化。毕竟，我们对孩子的养育并非一蹴而就的，而是一个在20年乃至30年后才能有所收获的过程。这就像是在植物球根发芽前不断摸索，每天都去浇灌它，等待它发芽一般。虽然对于它将在何种时机开出怎样的花，我们不得而知，但我们始终坚信它终有一日会盛开，所以才会小心翼翼地用爱去守护它、照料它。同理，在养育孩子的过程中，我们不应该急于求成，而是要有意识地在日常生活中逐渐改变与孩子交谈和互动的方式。虽然暂时不容易看到成果，却对孩子未来的发展有着实实在在的好处。

另外，为给孩子的健康成长进一步助力，大人首先要做的是让自己内心得到满足。为了让自己的内心充实，你可以每天都对努力了一天的自己说上一句“今天辛苦啦”“今天做得真棒”，以表达对自己的认可和欣赏。所以，在养育孩子的过程中，我们不仅要尊重孩子，学着尊重自己也是一门很重要的功课。我也会在这里支持大家做出的一切改变！

最后，我要特别感谢我的编辑桂田沙纪，还有参与了本书审校工作的本间绫，以及宝岛社的大家，幸得你们的帮助本书才得以顺利付梓。

还有一直以来始终给予我支持的来自线上社区“Park”的大家，以及我的粉丝朋友们，真的非常感谢你们。这本书是基于你们的咨询需求和来自你们“想知道这种沟通方式应该怎么应用”之类的有关“沟通”的一个个反馈才得以写成的。

此外，一直以来给予我无条件的爱的母亲，给了我许多学习和实践机会的亲爱的女儿们，以及始终无条件地信任我、与我并肩前行的丈夫，是因为有你们，我才能亲身体会到养育一个生命的珍贵之处，才能以母亲的身份感受到自己的力量一天天强大。能与你们一同成长，我感到万分荣幸。你们的帮助，是我心中无可替代的喜悦与幸福之源。真的，非常感谢！

2022 年春天 愿所有孩子都能获得真正的幸福

你们都是未来社会的创造者